7·8·9세에게 최적화된 첫 영단어 학습, 30일 완성

해결! 첫 영단어 쓰기

해결책 콘텐츠 연구소 지음
민병권 그림

· 만 6세~초등 저학년
· 알파벳을 뗀 아이

해결책
ANSWER KEY

글 해결책 콘텐츠 연구소

독자 여러분의 가치와 꿈을 실현하는 데 실질적인 도움이 되는 노하우를 연구 개발합니다.
철저한 기획과 신선한 고품질의 원고, 눈의 감각을 즐겁게 하는 디자인으로
생각을 깨우고 마음에 스미는 책을 만듭니다. 만든 책으로 《도와줘! 한글 친구들》 시리즈,
《해결! 알파벳 쓰기》 등이 있습니다.

그림 민병권

미국 The University of the Arts에서 일러스트레이션을 공부했습니다.
그리고 지금은 물 맑은 양평에서 그림을 그리고 있습니다. 《해결! 알파벳 쓰기》, 《해결! 한글 쓰기》 등
많은 어린이책과 교재에서 감성을 자극하는 따뜻하고도 정교한 그림 작업을 선보였습니다.
redsanta1225@hotmail.com

해결! 첫 영단어 쓰기

Solution! My First English Words Handwriting

1판 1쇄 인쇄
2021년 4월 2일

1판 1쇄 발행
2021년 4월 15일

글
해결책 콘텐츠 연구소

그림
민병권

기획 및 책임편집
해결책 콘텐츠 연구소

디자인
로컬앤드

교정교열
김혜영

인쇄 대행
공간코퍼레이션

녹음
와이알미디어

원어민 성우
Erin Lee

원어민 감수
Michael A. Putlack

발행처
해결책

발행인
이수란

주소
서울시 마포구 양화로6길 57-6, 1층

등록번호
제 2017-000328호

등록일자
2017년 7월 17일

전화
02-337-2033

팩스
02-6442-2011

이메일
answer_key@naver.com

블로그
blog.naver.com/answer_key

인스타그램
@lucky_answerkey

페이스북
lucky.answerkey

가격
15,000원

ISBN
976-11-91061-01-7 64740
세트
979-11-965229-2-6 64740

Published by
Answerkey, Inc.

Printed in Korea

머리말

본격적인 영어 공부의 첫걸음은 영단어를 익히는 것에서 출발합니다.
그렇다면 어떤 영단어부터 익히는 게 좋을까요?
영단어를 처음 공부할 때에는 일상 생활에서 자주 접하는 사물들 중 친숙하면서도 철자가 복잡하지 않은 단어를 먼저 배우는 것이 중요합니다. 《해결! 첫 영단어 쓰기》에는 이제 막 알파벳을 뗀 아이들에게 친숙한 주제별 영단어, 기초 형용사와 동사 250여 개가 실려 있습니다. 이 책은 아이들이 영단어를 처음 공부할 때 무작정 여러 번 반복해서 쓰기만 하는 단조로운 방법에서 벗어나 그림을 그리고, 단계별로 따라 쓰고, 재미있는 문제를 풀면서 자연스럽게 단어의 철자와 의미를 익힐 수 있도록 만들었습니다.

이 책의 주요 특징은 다음과 같습니다.

1. 주제별 필수 어휘 수록
파닉스 필수 어휘 약 110개, 14가지 주제별(기초 형용사와 동사 포함) 필수 어휘 140개 수록

2. 체계적인 따라 쓰기 활동
순서대로 따라 쓰기, 점 따라 쓰기, 스스로 써 보기 등 단계별 쓰기 활동을 통해 바르고 정확한 쓰기 연습 가능

3. 다양한 연습 문제로 복습
선 긋기, 단어 찾기, 퍼즐 완성하기 등 재미있는 문제를 풀면서 학습한 내용 다지기

우리 모두 이름이 있듯이 우리 주변에 있는 많은 사물에도 각기 이름이 있습니다. 단어를 공부하는 즐거움은 사물들의 이름을 하나하나 알아 가고 그 이름을 불러 준다는 데 있습니다. 새로운 친구를 만나면 이름을 묻고 친해지듯 우리 주변에 있는 사물이나 물건 등의 이름을 알게 되면 우리를 둘러싼 세상이 좀 더 가깝고 친숙하게 느껴질 것입니다. 이 책이 영단어를 처음 공부하는 아이들에게 즐거움을 주고, 앞으로 더 넓은 영어의 세계로 나아가는 데 도움이 되기를 바랍니다.

이 책의 특장점

1. 단어 110개로 기초 파닉스 끝내기

파닉스란 영어 단어의 소리와 발음을 공부하는 것을 말합니다. 이 책에서는 파닉스를 공부할 때 가장 자주 접하는 단어 110개를 먼저 학습합니다. 이 단어만 익히면 영어 단어의 70% 이상은 소리 내어 읽을 수 있습니다. 알파벳 모음 5개, 자음 21개의 개별 소리를 공부한 후 단어의 주요 첫소리와 끝소리로 자주 나오는 소리 패턴 18개를 익히면 처음 보는 영단어도 자신 있게 읽고 쓸 수 있게 됩니다.

2. 주제별 필수 단어 140개로 영어 실력이 쑥쑥!

아이가 생활 속에서 가장 자주 접하는 단어를 나의 몸, 우리 집, 동물, 옷, 과일, 음식 등 11개의 주제로 나누어 공부합니다. 주제별로 비슷한 단어를 함께 배우면 좀 더 빠르고 쉽게 익힐 수 있습니다. 주제별 단어를 다 공부한 뒤에는 내 기분과 감정을 표현하는 형용사와 동작이나 행동을 나타내는 동사 표현을 배웁니다. 가장 기초적인 형용사와 동사 표현을 선별했으니, 이 어휘들만 잘 익혀도 앞으로 영어를 말하고 읽고 쓰는 데 큰 도움이 될 것입니다.

3. 따라 쓰다 보면 저절로 외워지는 체계적인 단어 쓰기 연습

단어 철자를 외우기 위해서는 여러 차례 써 봐야 합니다. 하지만 영단어 공부를 처음 시작하는 아이들에게 같은 단어를 여러 번 쓰게 하는 것은 힘들고 어렵습니다. 이 책은 단순 반복적인 쓰기 연습에서 벗어나 글자 안쪽으로 따라 쓰기, 점선 따라 쓰기, 점 따라 쓰기 등 단계별로 체계적인 쓰기 활동을 제공합니다. 이러한 활동을 통해 아이가 자연스럽게 철자를 외우게 되는 것은 물론, 글씨체가 바르고 예뻐지는 효과를 얻을 수 있습니다.

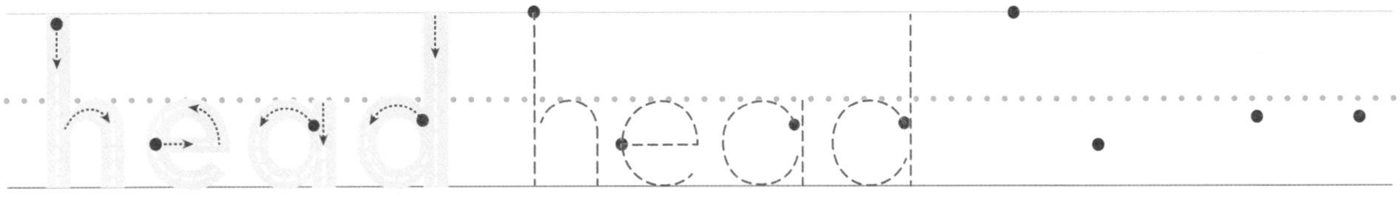

4. 재미있는 연습 문제를 풀면서 단어 복습하기

영단어를 오래 기억하는 방법은 한 번 공부한 내용을 테스트하고, 모르는 것은 다시 복습하는 것입니다. 이 책에서는 각 주제별 단어 학습이 끝난 후 복습을 위한 연습 문제를 제공합니다. 선 긋기, 단어 찾기, 단어 퍼즐 완성하기, 문장 완성하기 등 다양한 유형의 문제를 풀면서 단어의 뜻과 철자를 확실히 익혔는지 점검할 수 있습니다.

w	v	l	s	w	m	d	h	w	v	u	s
i	d	j	n	e	i	o	w	x	w	g	h
n	i	z	v	d	r	o	g	v	w	x	m
d	d	o	z	u	r	r	h	l	m	u	n
o	q	a	y	u	o	k	m	r	q	q	s
w	a	c	n	t	r	g	s	z	r	n	s
n	w	u	d	p	c	o	c	r	u	g	l
n	u	r	k	r	o	t	u	f	y	q	d

이 책의 구성과 활용

Part 1 기초 파닉스

단모음 Short Vowels a e i o u

a pple bat cat
e gg hen elevator
i gloo milk fish
o box dog octopus
u bus sun cup

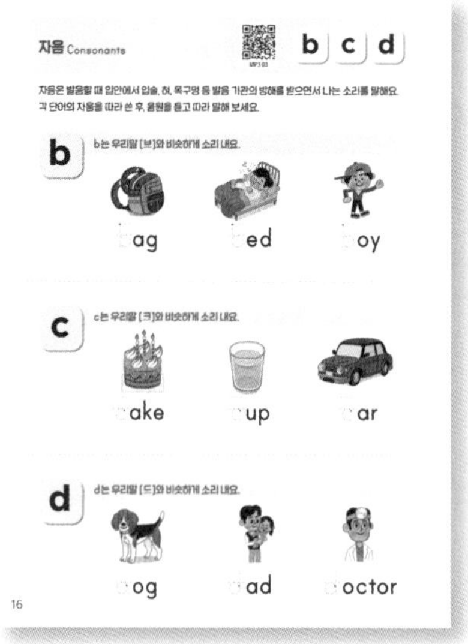
자음 Consonants b c d

b ag ed oy
c ake up ar
d og ad octor

단어의 주요 첫소리 Common Beginning Sounds bl- fl- pl-

bl- ue ack ank
fl- ag u ower
pl- ane ant ace

영어 단어를 읽고 쓸 때 꼭 알아야 하는 필수 발음을 단어와 함께 익혀요.
영어의 모음과 자음, 그리고 단어의 첫소리와 끝소리로 자주 나오는 소리 패턴을 익힐 수 있어요. 각 발음당 단어가 3개씩 제시되어 발음 공부는 물론 단어 공부도 함께할 수 있어요.

각 페이지 상단의 QR 코드를 스캔하면 원어민 선생님이 읽어 주는 영단어 음원을 들을 수 있어요.

※ 해결책 블로그(blog.naver.com/answer_key)에 MP3 파일로도 제공됩니다.

Part 2 주제별 영단어 & Part 3 기초 형용사와 동사

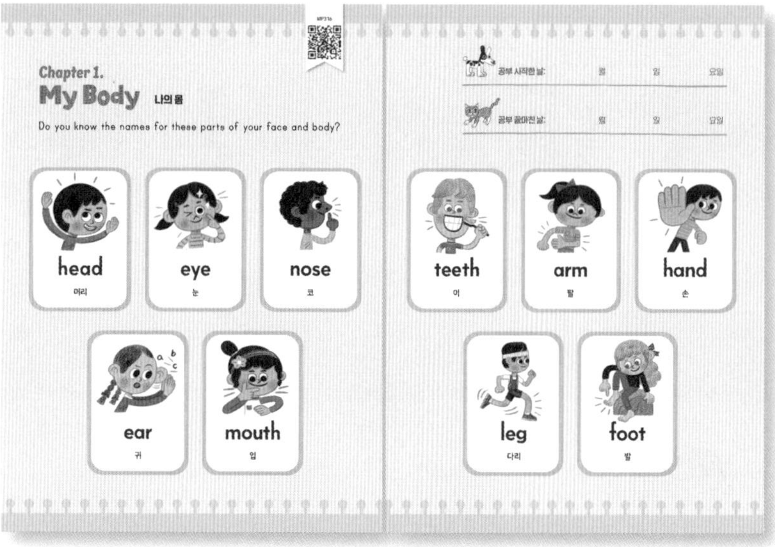
Chapter 1.
My Body 나의 몸
Do you know the names for these parts of your face and body?

head 머리
eye 눈
nose 코
ear 귀
mouth 입
teeth 이
arm 팔
hand 손
leg 다리
foot 발

주제별로 공부할 단어를 한눈에 살펴봐요.
주제와 관련된 질문을 읽고 답하면서 공부할 단어를 살핍니다. 전체 단어를 보면서 읽을 수 있을 만큼 읽어 보고, 그림과 함께 단어의 의미도 가볍게 익혀 보세요. 또한, QR 코드를 스캔해 음원을 듣고 따라 말하면서 발음도 함께 연습해 보세요.

단어와 그림을 보면서 의미를 익혀요.
주어진 그림을 참고해서 단어 뜻에 맞는 그림을 스스로 그리고 색칠해 보세요. 글자로만 익히는 것보다 그림을 보고, 따라 그리면서 단어를 익히면 훨씬 재미있게 잘 외워지고 오래 기억할 수 있습니다. 그림을 따라 그리기 어렵다면 단어 뜻에 맞는 그림을 자유롭게 그려도 좋습니다.

체계적인 따라 쓰기 활동으로 철자를 익혀요.
글자 안쪽으로 따라 쓰기, 점선 따라 쓰기, 점 따라 쓰기 등 단계별 쓰기 활동을 하다 보면 철자가 자연스럽게 외워지는 것은 물론, 글씨체도 예뻐져요. 단계별 쓰기 활동이 끝나면 철자를 생각하면서 스스로 쓰는 연습을 해 보세요.

공부한 영단어를 빈칸에 쓰고 문장을 완성해요.
문장을 통해 단어를 익히면 의미가 좀 더 분명해지고 오래 기억할 수 있어요. 여기에 나오는 문장은 기초 리딩에 꼭 나오는 패턴 표현과 생활 영어 표현이에요. 이 문장들만 잘 익혀두면 리딩과 말하기 공부에도 도움이 될 거예요.

※ 이 책에 나오는 영문장 해석은 영문장이 익숙하지 않은 아이들의 이해를 돕기 위해 대부분 직역하였습니다.

Review Activity

주제별 단어 학습이 끝날 때마다 연습 문제가 제공돼요.
선 긋기, 단어 찾기, 퍼즐 완성하기, 문장 완성하기 등 다양한 연습 문제를 풀면서 앞에서 공부한 단어의 철자, 의미, 문장 활용 등을 잘 기억하고 있는지 확인할 수 있어요.

※ 정답은 해결책 블로그(blog.naver.com/answer_key)에 있습니다.

전체 단어 & 문장 리스트

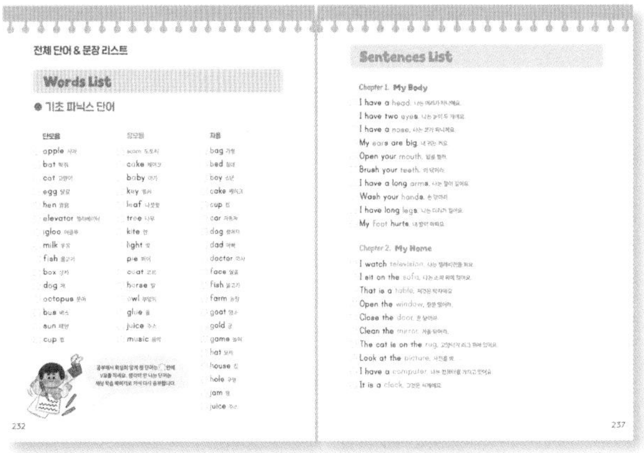

책에서 다룬 단어와 문장 전체 수록
교재 전체를 학습한 후 이 부분만 반복해서 읽고 쓰는 연습을 하면 단어 250여 개, 문장 140개를 모두 완벽하게 습득할 수 있어요.

목차

Part 1
기초 파닉스

Part 2
주제별 영단어

학습 스케줄

30일 만에 끝내는 유아~초등 저학년 필수 영단어!

일차별 학습이 끝나면
□ 안에 V표를 하세요.

DAY 1 □	DAY 2 □	DAY 3 □	DAY 4 □
기초 파닉스 · 단모음 a, e, i, o, u · 장모음 a, e, i, o, u · 자음 b, c, d · 자음 f, g, h 12p~17p	· 자음 j, k, l · 자음 m, n, p · 자음 q, r, s · 자음 t, v, w 18p~21p	· 자음 x, y, z · 단어의 주요 첫소리 bl-, fl-, pl- cr-, gr-, tr- sm-, st-, sw- 22p~25p	· 단어의 주요 끝소리 -ck, -lk, -nd -ng, -nt, -st -sh, -ll, -ss . *Review Activity* 26p~31p
DAY 5 □	**DAY 6 □**	**DAY 7 □**	**DAY 8 □**
Chapter 1 · head · eye · nose · ear · mouth 34p~40p	· teeth · arm · hand · leg · foot . *Review Activity* 41p~47p	***Chapter 2*** · television · sofa · table · window · door 48p~54p	· mirror · rug · picture · computer · clock . *Review Activity* 55p~61p
DAY 9 □	**DAY 10 □**	**DAY 11 □**	**DAY 12 □**
Chapter 3 · dog · cat · cow · goat · goose 62p~68p	· pig · horse · duck · sheep · hen . *Review Activity* 69p~75p	***Chapter 4*** · elephant · lion · giraffe · zebra · alligator 76p~ 82p	· snake · tiger · monkey · bird · bear . *Review Activity* 83p~89p

DAY 13 □	DAY 14 □	DAY 15 □	DAY 16 □
Chapter 5 · shirt · t-shirt · sweater · coat · dress · scarf 90p~97p	· pants · skirt · cap · shoes · socks · hat . *Review Activity* 98p~105p	***Chapter 6*** · bicycle · scooter · motorbike · car · bus 106p~112p	· truck · airplane · subway · ship · train . *Review Activity* 113p~ 119p

※ 학습 스케줄은 아이의 학습 능력과 컨디션에 따라 최상의 효과를 얻을 수 있도록 부모님께서 효율적으로 조정해 주세요.

DAY 17 ☐	DAY 18 ☐	DAY 19 ☐	DAY 20 ☐
Chapter 7 · apple · banana · orange · grapes · strawberry 120p~126p	· watermelon · peach · kiwi · pineapple · lemon . Review Activity 127p~133p	**Chapter 8** · cake · bread · rice · pizza · hamburger 134p~140p	· cheese · milk · ice cream · sausage · hot dog . Review Activity 141p~147p
DAY 21 ☐	**DAY 22** ☐	**DAY 23** ☐	**DAY 24** ☐
Chapter 9 · mother · father · brother · sister 148p~153p	· grandmother · grandfather · uncle · aunt . Review Activity 154p~159p	**Chapter 10** · white · blue · yellow · purple · green 160p~166p	· red · black · brown · gray · pink . Review Activity 167p~173p
DAY 25 ☐	**DAY 26** ☐	**DAY 27** ☐	**DAY 28** ☐
Chapter 11 · teacher · friend · playground · blackboard · desk 174p~180p	· chair · bag · pencil · notebook · eraser . Review Activity 181p~187p	**Chapter 12** · happy · sad · hungry · full · scared 190p~196p	· surprised · excited · bored · sleepy · angry . Review Activity 197p~203p
DAY 29 ☐	**DAY 30** ☐	**DAY 31** ☐	**DAY 32** ☐
Chapter 13 · hear · play · touch · ride · see 204p~210p	· give · take · smell · run · sit . Review Activity 211p~ 217p	**Chapter 14** · stand · eat · drink · sing · walk 218p~ 224p	· jump · sleep · watch · read · think . Review Activity 225p~ 231p

Part 1

기초 파닉스

영어 단어를 읽고 쓸 때 꼭 알아야 하는 필수 발음을 공부해요.

모음

a e i o u

자음

b c d f g

h j k l m

n p q r s

t v w x y

z

단어의 주요 첫소리

bl-	fl-	pl-
cr-	gr-	tr-
sm-	st-	sw-

단어의 주요 끝소리

-ck	-lk	-nd
-ng	-nt	-st
-sh	-ll	-ss

단모음 Short Vowels

MP3 01

a e i o u

모음은 소리 내어 말할 때 입안에서 입술이나 혀의 방해를 받지 않고 나는 소리를 말해요.
모음 중에서 발음이 변하지 않고 짧게 발음되는 것을 '단모음'이라고 해요 .
각 단어의 모음을 따라 쓴 후, 음원을 듣고 따라 말해 보세요.

a

apple

bat

cat

e

egg

hen

elevator

i

igloo

milk

fish

o

box

dog

octopus

u

bus

sun

cup

장모음 Long Vowels

MP3 02

a e i o u

발음이 달라지거나 길게 발음하는 것을 '장모음'이라고 해요.
각 단어의 모음을 따라 쓴 후, 음원을 듣고 따라 말해 보세요.

a

acorn

cake

baby

e

key

leaf

tree

i

kite

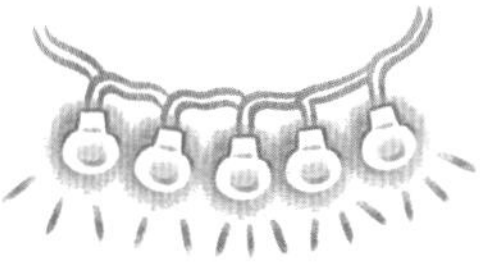
light

pie

o

coat

horse

owl

u

glue

juice

music

자음 Consonants

MP3 03

b c d

자음은 발음할 때 입안에서 입술, 혀, 목구멍 등 발음 기관의 방해를 받으면서 나는 소리를 말해요.
각 단어의 자음을 따라 쓴 후, 음원을 듣고 따라 말해 보세요.

b

b는 우리말 [브]와 비슷하게 소리 내요.

bag

bed

boy

c

c는 우리말 [크]와 비슷하게 소리 내요.

cake

cup

car

d

d는 우리말 [드]와 비슷하게 소리 내요.

dog

dad

doctor

자음 Consonants

MP3 04

f g h

각 단어의 자음을 따라 쓴 후, 음원을 듣고 따라 말해 보세요.

f

f는 우리말 [프]와 비슷하게 소리 내요.

face

fish

farm

g

g는 우리말 [그]와 비슷하게 소리 내요.

goat

gold

game

h

h는 우리말 [흐]와 비슷하게 소리 내요.

hat

house

hole

자음 Consonants

MP3 05

j k l

각 단어의 자음을 따라 쓴 후, 음원을 듣고 따라 말해 보세요.

j

j는 우리말 [즈]와 비슷하게 소리 내요.

jam

juice

jump

k

k는 우리말 [크]와 비슷하게 소리 내요.

king

key

kiwi

l

l은 우리말 [르]와 비슷하게 소리 내요.

lake

love

lion

자음 Consonants

MP3 06

m n p

각 단어의 자음을 따라 쓴 후, 음원을 듣고 따라 말해 보세요.

m

m은 우리말 [므]와 비슷하게 소리 내요.

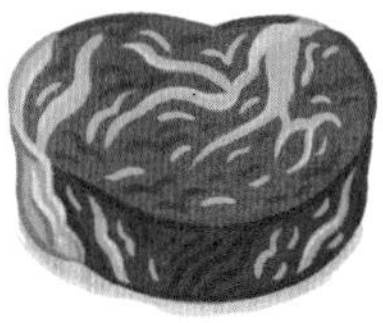

meat

moon

mask

n

n은 우리말 [느]와 비슷하게 소리 내요.

nest

nature

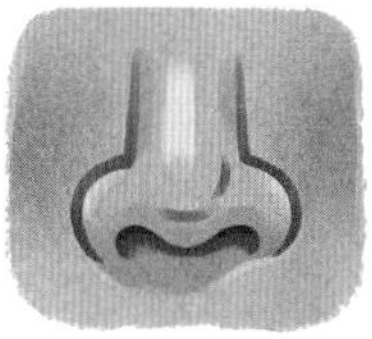

nose

p

p는 우리말 [프]와 비슷하게 소리 내요.

pig

pencil

paper

자음 Consonants

MP3 07

q r s

각 단어의 자음을 따라 쓴 후, 음원을 듣고 따라 말해 보세요.

q

q는 우리말 [크]와 비슷하게 소리 내요.

quiz

queen

quiet

r

r은 우리말 [르]와 비슷하게 소리 내요.

river

rain

red

s

s는 우리말 [스]와 비슷하게 소리 내요.

sun

ski

sugar

자음 Consonants

MP3 08

t v w

각 단어의 자음을 따라 쓴 후, 음원을 듣고 따라 말해 보세요.

t

t는 우리말 [트]와 비슷하게 소리 내요.

tiger

toy

teeth

v

v는 우리말 [브]와 비슷하게 소리 내요.

violin

vegetable

vote

w

w는 우리말 [우]와 비슷하게 소리 내요.

water

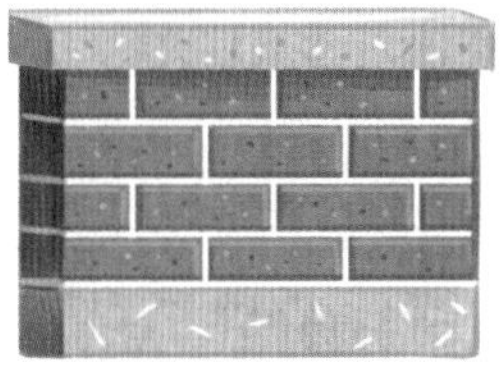

wall

watch

자음 Consonants

MP3 09

x y z

각 단어의 자음을 따라 쓴 후, 음원을 듣고 따라 말해 보세요.

x

x는 우리말 [쓰]와 비슷하게 소리 내요.

box

fox

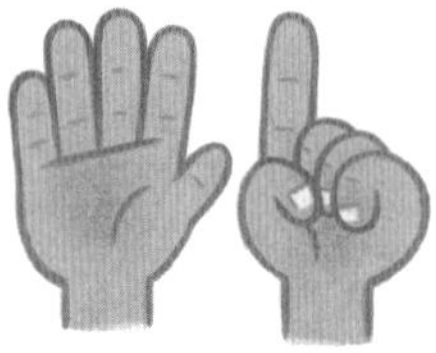

six

y

y는 우리말 [이여]와 비슷하게 소리 내요.

yacht

yellow

yogurt

z

z는 우리말 [즈]와 비슷하게 소리 내요.

zoo

zero

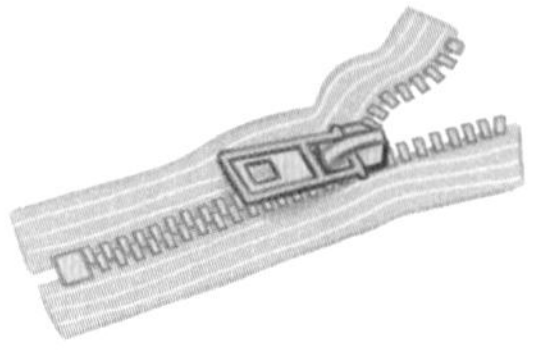

zipper

단어의 주요 첫소리
Common Beginning Sounds

MP3 10

bl- **fl-** **pl-**

단어의 주요 첫소리로 오는 9가지 발음과 철자 패턴을 공부해요.
단어의 첫 두 글자를 따라 쓴 후, 음원을 듣고 따라 말해 보세요.

bl-

blue

black

blank

fl-

flag

flu

flower

pl-

plane

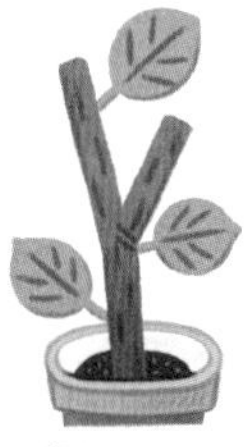

plant

place

단어의 주요 첫소리
Common Beginning Sounds

MP3 11

cr- **gr-** **tr-**

단어의 첫 두 글자를 따라 쓴 후, 음원을 듣고 따라 말해 보세요.

cr-

crown

crab

cry

gr-

grapes

green

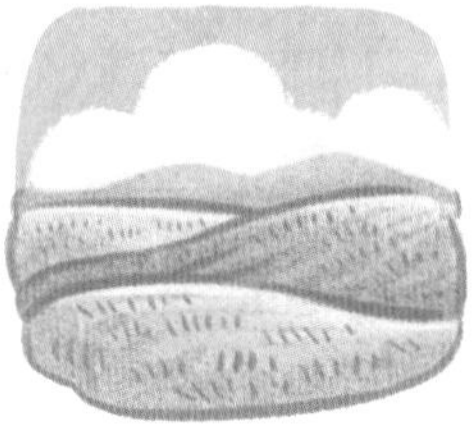

grass

tr-

truck

train

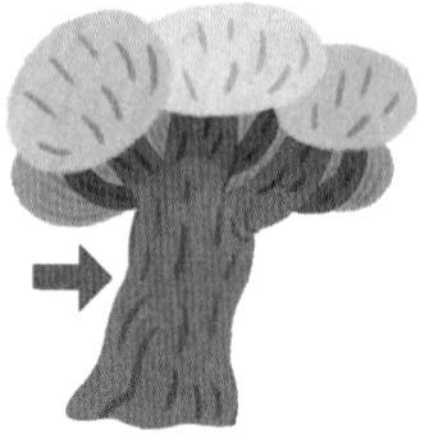

trunk

단어의 주요 첫소리
Common Beginning Sounds

MP3 12

sm- **st-** **sw-**

단어의 첫 두 글자를 따라 쓴 후, 음원을 듣고 따라 말해 보세요.

sm-

smile

small

smash

st-

stop

star

stand

sw-

swing

swan

swim

단어의 주요 끝소리
Common Ending Sounds

MP3 13

-ck **-lk** **-nd**

단어의 주요 끝소리로 오는 9가지 발음과 철자 패턴을 공부해요.
단어의 마지막 두 글자를 따라 쓴 후, 음원을 듣고 따라 말해 보세요.

-ck

duck

rock

clock

-lk

talk

walk

milk

-nd

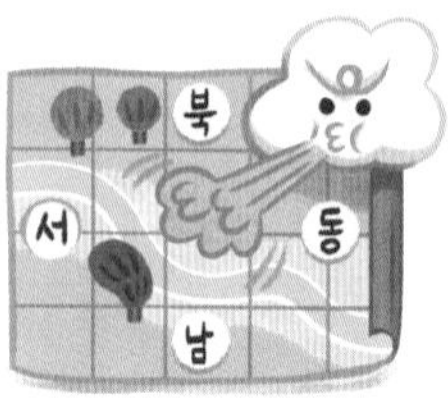

wind

sand

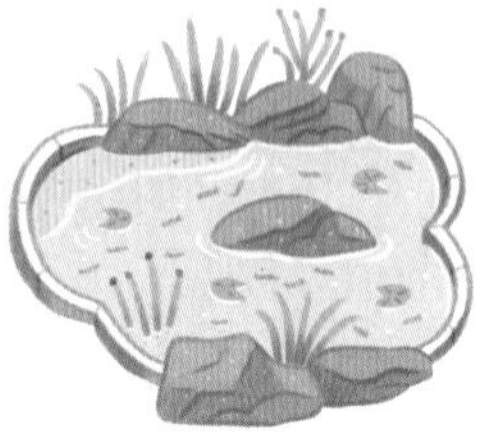

pond

단어의 주요 끝소리
Common Ending Sounds

MP3 14

-ng **-nt** **-st**

단어의 마지막 두 글자를 따라 쓴 후, 음원을 듣고 따라 말해 보세요.

-ng

king

ring

wing

-nt

tent

count

print

-st

vest

toast

fist

단어의 주요 끝소리
Common Ending Sounds

MP3 15

-sh **-ll** **-ss**

단어의 마지막 두 글자를 따라 쓴 후, 음원을 듣고 따라 말해 보세요.

-sh

wash

brush

trash

-ll

call

ball

fall

-ss

cross

glass

dress

Review Activity

1. 아래 단어를 읽고, 밑줄 친 부분을 단모음과 장모음 단어로 구분해서 써 보세요.

cat

cake

tree

fish

coat

bus

kite

box

단모음(Short Vowels)	장모음(Long Vowels)
cat	kite
fish	cake

2. 아래 단어에서 빠진 철자 1개를 쓰고, 큰 소리로 읽어 보세요.

_pple

_ag

_octor

_gg

f_sh

_ouse

_ey

_ove

m_sk

_encil

_ki

_ogurt

3. 아래 단어에서 빠진 철자 2개를 쓰고, 큰 소리로 읽어 보세요.

____een

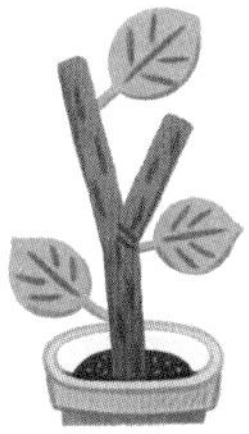

____ant

____uck

____ar

clo____

wi____

ki____

ve____

____im

wa____

wa____

ca____

Part 2

주제별 영단어

일상생활에서 자주 접하는 주제별 필수 어휘를 공부해요.

Chapter 1. My Body

Chapter 3. Pet and Farm Animals

Chapter 5. Clothes

Chapter 2. My Home

Chapter 4. Wild Animals

Chapter 6. Things to Ride

Chapter 7. Fruit

Chapter 8. Food

Chapter 9. Family

Chapter 10. Colors

Chapter 11. School

MP3 16

Chapter 1.

My Body 나의 몸

Do you know the names for these parts of your face and body?

head

머리

eye

눈

nose

코

ear

귀

mouth

입

공부 시작한 날:　　　월　　　일　　　요일

공부 끝마친 날:　　　월　　　일　　　요일

teeth

이

arm

팔

hand

손

leg

다리

foot

발

My Body

head

머리

그림으로 표현해 볼까요?

쓰는 순서에 맞게 따라 쓰세요.

head head

바른 철자를 생각하면서 쓰기 연습을 하세요.

단어를 따라 써 문장을 완성하세요.

나는 머리가 하나예요.

I have a head .

eye

눈

그림으로 표현해 볼까요?

쓰는 순서에 맞게 따라 쓰세요.

eye eye

바른 철자를 생각하면서 쓰기 연습을 하세요.

단어를 따라 써 문장을 완성하세요.

나는 눈이 두 개예요.

I have two eyes.

nose

코

그림으로 표현해 볼까요?

쓰는 순서에 맞게 따라 쓰세요.

nose nose

바른 철자를 생각하면서 쓰기 연습을 하세요.

단어를 따라 써 문장을 완성하세요.

나는 코가 하나예요.

I have a nose .

ear

그림으로 표현해 볼까요?

귀

쓰는 순서에 맞게 따라 쓰세요.

ear ear

바른 철자를 생각하면서 쓰기 연습을 하세요.

단어를 따라 써 문장을 완성하세요.

내 귀는 커요.

My ears are big.

mouth

입

그림으로 표현해 볼까요?

쓰는 순서에 맞게 따라 쓰세요.

mouth mouth

바른 철자를 생각하면서 쓰기 연습을 하세요.

단어를 따라 써 문장을 완성하세요.

입을 벌려.

Open your mouth .

teeth

이

그림으로 표현해 볼까요?

쓰는 순서에 맞게 따라 쓰세요.

teeth teeth

바른 철자를 생각하면서 쓰기 연습을 하세요.

단어를 따라 써 문장을 완성하세요.

이 닦아라.

Brush your teeth.

arm

팔

그림으로 표현해 볼까요?

쓰는 순서에 맞게 따라 쓰세요.

arm arm

바른 철자를 생각하면서 쓰기 연습을 하세요.

단어를 따라 써 문장을 완성하세요.

나는 팔이 길어요.

I have long arms .

My Body

hand

손

그림으로 표현해 볼까요?

쓰는 순서에 맞게 따라 쓰세요.

hand hand

바른 철자를 생각하면서 쓰기 연습을 하세요.

단어를 따라 써 문장을 완성하세요.

손 닦아라.

Wash your hands .

leg

다리

그림으로 표현해 볼까요?

쓰는 순서에 맞게 따라 쓰세요.

leg leg

바른 철자를 생각하면서 쓰기 연습을 하세요.

단어를 따라 써 문장을 완성하세요.

나는 다리가 길어요.

I have long legs.

foot

그림으로 표현해 볼까요?

발

쓰는 순서에 맞게 따라 쓰세요.

foot foot

바른 철자를 생각하면서 쓰기 연습을 하세요.

단어를 따라 써 문장을 완성하세요.

내 발이 아파요.

My foot hurts.

Review Activity

1. 단어에 맞는 그림을 선으로 연결하고, 단어를 써 보세요.

mouth •　　• 

eye •　　• 

foot •　　• 

teeth •　　•  mouth

arm •　　• 

2. 아래 그림을 보고, 단어 퍼즐을 완성하세요.

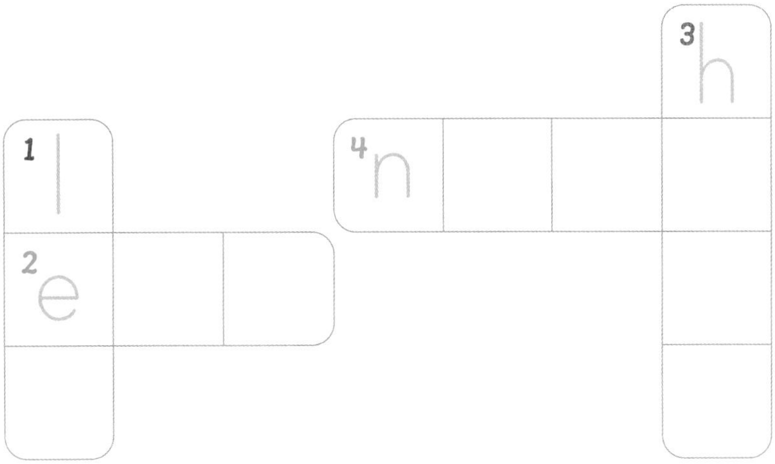

가로

2

4

세로

1

3

3. 우리말 문장을 읽고, 빈칸에 알맞은 단어를 쓰세요.

1 손 닦아라.　　　2 이 닦아라.

1 Wash your ____________s.

2 Brush your ____________.

MP3 17

Chapter 2.

My Home 우리 집

Do you know the words all these things at home?

television

텔레비전

sofa

소파

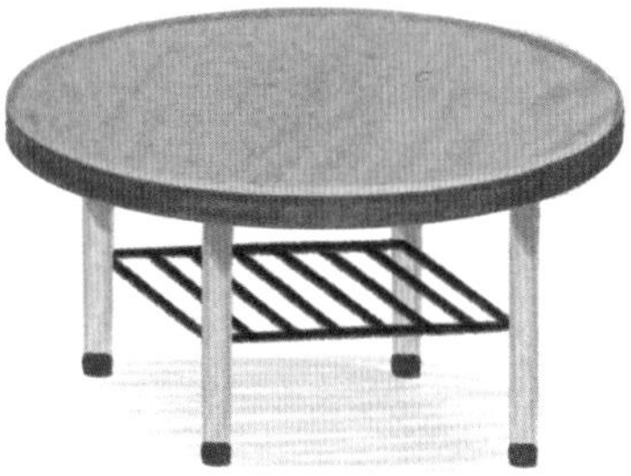

table

탁자

window

창문

door

문

공부 시작한 날: 월 일 요일

공부 끝마친 날: 월 일 요일

mirror

거울

rug

러그

picture

사진, 그림

computer

컴퓨터

clock

시계

television

텔레비전

그림으로 표현해 볼까요?

쓰는 순서에 맞게 따라 쓰세요.

television

television

바른 철자를 생각하면서 쓰기 연습을 하세요.

단어를 따라 써 문장을 완성하세요.

나는 텔레비전을 봐요.

I watch television .

sofa

소파

그림으로 표현해 볼까요?

쓰는 순서에 맞게 따라 쓰세요.

sofa sofa

바른 철자를 생각하면서 쓰기 연습을 하세요.

단어를 따라 써 문장을 완성하세요.

나는 소파 위에 앉아요.

I sit on the sofa.

My Home

table

탁자

그림으로 표현해 볼까요?

쓰는 순서에 맞게 따라 쓰세요.

table table

바른 철자를 생각하면서 쓰기 연습을 하세요.

단어를 따라 써 문장을 완성하세요.

저것은 탁자예요.

That is a table .

window

그림으로 표현해 볼까요?

창문

쓰는 순서에 맞게 따라 쓰세요.

window window

바른 철자를 생각하면서 쓰기 연습을 하세요.

단어를 따라 써 문장을 완성하세요.

창문 열어라.

Open the window.

door

문

그림으로 표현해 볼까요?

쓰는 순서에 맞게 따라 쓰세요.

door door

바른 철자를 생각하면서 쓰기 연습을 하세요.

단어를 따라 써 문장을 완성하세요.

문 닫아라.

Close the door.

mirror

거울

그림으로 표현해 볼까요?

쓰는 순서에 맞게 따라 쓰세요.

mirror mirror

바른 철자를 생각하면서 쓰기 연습을 하세요.

단어를 따라 써 문장을 완성하세요.

거울 닦아라.

Clean the mirror.

rug

러그

그림으로 표현해 볼까요?

쓰는 순서에 맞게 따라 쓰세요.

rug rug

바른 철자를 생각하면서 쓰기 연습을 하세요.

단어를 따라 써 문장을 완성하세요.

고양이가
러그 위에 있어요.

The cat is on the rug .

picture

그림으로 표현해 볼까요?

사진, 그림

쓰는 순서에 맞게 따라 쓰세요.

picture picture

바른 철자를 생각하면서 쓰기 연습을 하세요.

단어를 따라 써 문장을 완성하세요.

사진을 봐.

Look at the picture .

computer

컴퓨터

그림으로 표현해 볼까요?

쓰는 순서에 맞게 따라 쓰세요.

computer

computer

바른 철자를 생각하면서 쓰기 연습을 하세요.

단어를 따라 써 문장을 완성하세요.

나는 컴퓨터를 가지고 있어요.

I have a computer .

clock

시계

그림으로 표현해 볼까요?

쓰는 순서에 맞게 따라 쓰세요.

clock clock

바른 철자를 생각하면서 쓰기 연습을 하세요.

단어를 따라 써 문장을 완성하세요.

그것은 시계예요.

It is a clock .

Review Activity

1. 단어에 맞는 그림을 선으로 연결하고, 단어를 써 보세요.

sofa •

• 

table •

• 

picture •

•  sofa

computer •

• 

clock •

• 

2. 그림에 해당하는 단어를 아래 퍼즐에서 찾아 O 하세요.
단어는 가로 또는 세로 방향으로만 숨겨져 있어요.

w	v	l	s	w	m	d	h	w	v	u	s
i	d	j	n	e	i	o	w	x	w	g	h
n	i	z	v	d	r	o	g	v	w	x	m
d	d	o	z	u	r	r	h	l	m	u	n
o	q	a	y	u	o	k	m	r	q	q	s
w	a	c	n	t	r	g	s	z	r	n	s
n	w	u	d	p	c	o	c	r	u	g	l
n	u	r	k	r	o	t	u	f	y	q	d

3. 우리말 문장을 읽고, 빈칸에 알맞은 단어를 쓰세요.

1 나는 텔레비전을 봐요. 2 고양이가 러그 위에 있어요.

1 I watch ______________.

2 The cat is on the ______________.

Chapter 3.

Pet and Farm Animals 애완동물과 가축

What kind of pet would you like to have?

dog

개

cat

고양이

cow

암소, 젖소

goat

염소

goose

거위

공부 시작한 날: 월 일 요일

공부 끝마친 날: 월 일 요일

pig

돼지

horse

말

duck

오리

sheep

양

hen

암탉

dog

개

그림으로 표현해 볼까요?

쓰는 순서에 맞게 따라 쓰세요.

dog dog

바른 철자를 생각하면서 쓰기 연습을 하세요.

단어를 따라 써 문장을 완성하세요.

This is my dog.

이것은 내 개예요.

cat

고양이

그림으로 표현해 볼까요?

쓰는 순서에 맞게 따라 쓰세요.

cat cat

바른 철자를 생각하면서 쓰기 연습을 하세요.

단어를 따라 써 문장을 완성하세요.

나에게는 고양이가 있어요.

I have a cat .

COW

암소, 젖소

그림으로 표현해 볼까요?

쓰는 순서에 맞게 따라 쓰세요.

cow cow

바른 철자를 생각하면서 쓰기 연습을 하세요.

단어를 따라 써 문장을 완성하세요.

Look at the cows in the barn.

외양간에 있는 암소들을 봐.

goat

그림으로 표현해 볼까요?

염소

쓰는 순서에 맞게 따라 쓰세요.

goat goat

바른 철자를 생각하면서 쓰기 연습을 하세요.

단어를 따라 써 문장을 완성하세요.

We have two goats.

우리에게는 염소 두 마리가 있어요.

goose

거위

그림으로 표현해 볼까요?

쓰는 순서에 맞게 따라 쓰세요.

goose goose

바른 철자를 생각하면서 쓰기 연습을 하세요.

단어를 따라 써 문장을 완성하세요.

연못에 거위 한 마리가 있어요.

There is one goose on the pond.

pig

돼지

그림으로 표현해 볼까요?

쓰는 순서에 맞게 따라 쓰세요.

pig pig

바른 철자를 생각하면서 쓰기 연습을 하세요.

단어를 따라 써 문장을 완성하세요.

돼지는 분홍색 동물이에요.

A pig is a pink animal.

horse

말

그림으로 표현해 볼까요?

쓰는 순서에 맞게 따라 쓰세요.

horse horse

바른 철자를 생각하면서 쓰기 연습을 하세요.

단어를 따라 써 문장을 완성하세요.

I can ride a horse .

나는 말을 탈 수 있어요.

duck

오리

그림으로 표현해 볼까요?

쓰는 순서에 맞게 따라 쓰세요.

duck duck

바른 철자를 생각하면서 쓰기 연습을 하세요.

단어를 따라 써 문장을 완성하세요.

오리는 물가 근처에 살아요.

A duck lives near water.

Pet and Farm Animals

sheep

양

그림으로 표현해 볼까요?

쓰는 순서에 맞게 따라 쓰세요.

sheep sheep

바른 철자를 생각하면서 쓰기 연습을 하세요.

단어를 따라 써 문장을 완성하세요.

이것은 양인가요, 염소인가요?

Is this a sheep or a goat?

hen

암탉

그림으로 표현해 볼까요?

쓰는 순서에 맞게 따라 쓰세요.

hen hen

바른 철자를 생각하면서 쓰기 연습을 하세요.

단어를 따라 써 문장을 완성하세요.

암탉이 알을 낳아요.

A hen lays eggs.

Review Activity

1. 단어에 맞는 그림을 선으로 연결하고, 단어를 써 보세요.

hen •　　　　• 

horse •　　　　•  hen

duck •　　　　• 

cat •　　　　• 

cow •　　　　• 

2. 아래 그림을 보고, 단어 퍼즐을 완성하세요.

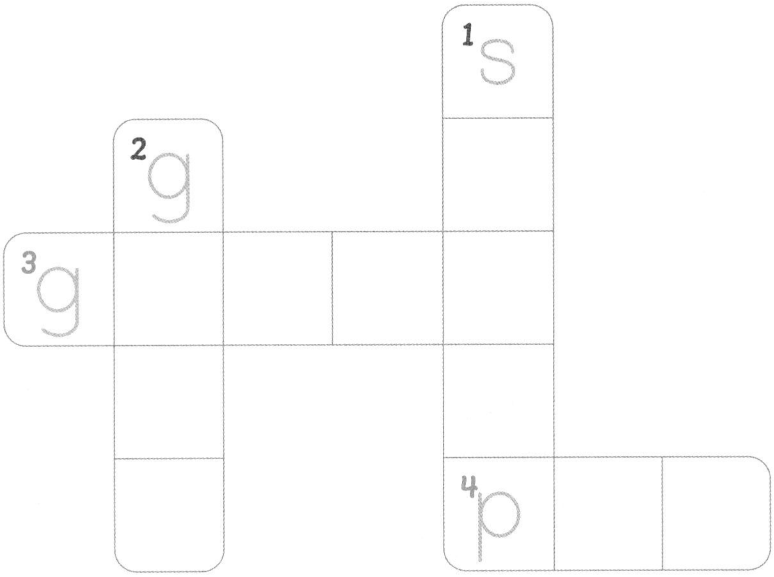

가로

3  4 

세로

1  2 

3. 우리말 문장을 읽고, 빈칸에 알맞은 단어를 쓰세요.

1 오리는 물가 근처에 살아요.
2 나는 말을 탈 수 있어요.

1 A ____________ lives near water.

2 I can ride a ____________.

MP3 19

Chapter 4.
Wild Animals 야생 동물

Have you ever been to a zoo? What is your favorite zoo animal?

elephant

코끼리

lion

사자

giraffe

기린

zebra

얼룩말

alligator

악어

공부 시작한 날: 월 일 요일

공부 끝마친 날: 월 일 요일

snake

뱀

tiger

호랑이

monkey

원숭이

bird

새

bear

곰

elephant

코끼리

그림으로 표현해 볼까요?

쓰는 순서에 맞게 따라 쓰세요.

elephant elephant

바른 철자를 생각하면서 쓰기 연습을 하세요.

단어를 따라 써 문장을 완성하세요.

코끼리는
코가 길어요.

An elephant has a long nose.

Wild Animals

lion

사자

그림으로 표현해 볼까요?

쓰는 순서에 맞게 따라 쓰세요.

lion lion

바른 철자를 생각하면서 쓰기 연습을 하세요.

단어를 따라 써 문장을 완성하세요.

A lion is strong.

사자는 힘이 세요.

giraffe

기린

그림으로 표현해 볼까요?

쓰는 순서에 맞게 따라 쓰세요.

giraffe giraffe

바른 철자를 생각하면서 쓰기 연습을 하세요.

단어를 따라 써 문장을 완성하세요.

기린은 목이 길어요.

A giraffe has a long neck.

zebra

얼룩말

그림으로 표현해 볼까요?

쓰는 순서에 맞게 따라 쓰세요.

zebra zebra

바른 철자를 생각하면서 쓰기 연습을 하세요.

단어를 따라 써 문장을 완성하세요.

얼룩말은
줄무늬가 있어요.

A zebra has stripes.

alligator

악어

그림으로 표현해 볼까요?

쓰는 순서에 맞게 따라 쓰세요.

alligator

alligator

바른 철자를 생각하면서 쓰기 연습을 하세요.

단어를 따라 써 문장을 완성하세요.

악어는 강에 살아요.

An alligator lives in rivers.

snake

그림으로 표현해 볼까요?

뱀

쓰는 순서에 맞게 따라 쓰세요.

snake snake

바른 철자를 생각하면서 쓰기 연습을 하세요.

단어를 따라 써 문장을 완성하세요.

뱀은 다리가 없어요.

A snake has no legs.

tiger

호랑이

그림으로 표현해 볼까요?

쓰는 순서에 맞게 따라 쓰세요.

tiger tiger

바른 철자를 생각하면서 쓰기 연습을 하세요.

단어를 따라 써 문장을 완성하세요.

호랑이는
힘이 세고 위험해요.

A tiger is strong and dangerous.

monkey

원숭이

그림으로 표현해 볼까요?

쓰는 순서에 맞게 따라 쓰세요.

monkey monkey

바른 철자를 생각하면서 쓰기 연습을 하세요.

단어를 따라 써 문장을 완성하세요.

원숭이가
나무에 올라가요.

A monkey climbs trees.

Wild Animals

bird

새

그림으로 표현해 볼까요?

쓰는 순서에 맞게 따라 쓰세요.

bird bird

바른 철자를 생각하면서 쓰기 연습을 하세요.

단어를 따라 써 문장을 완성하세요.

A bird can fly.

새는 날 수 있어요.

bear

곰

Wild Animals

그림으로 표현해 볼까요?

쓰는 순서에 맞게 따라 쓰세요.

bear bear

바른 철자를 생각하면서 쓰기 연습을 하세요.

단어를 따라 써 문장을 완성하세요.

나는 곰이 무서워요.

I am afraid of bears.

Review Activity

1. 단어에 맞는 그림을 선으로 연결하고, 단어를 써 보세요.

elephant •

lion •

giraffe •

lion

zebra •

alligator •

2. 그림에 해당하는 단어를 아래 퍼즐에서 찾아 ○ 하세요.
단어는 가로 또는 세로 방향으로만 숨겨져 있어요.

s	x	j	b	k	l	t	r	y	m	x	n
w	g	v	s	r	j	l	d	c	o	q	o
w	b	i	r	d	a	z	r	d	n	o	a
q	q	h	g	m	b	a	a	j	k	e	b
w	h	x	e	z	d	x	d	e	e	y	e
d	m	i	l	y	w	j	o	n	y	y	a
t	t	i	g	e	r	b	k	h	f	l	r
x	c	n	r	g	x	q	n	l	n	q	r

3. 우리말 문장을 읽고, 빈칸에 알맞은 단어를 쓰세요.

1 뱀은 다리가 없어요. 2 원숭이가 나무에 올라가요.

1 A ____________ has no legs.

2 A ____________ climbs trees.

MP3 20

Chapter 5. Clothes 옷

What kinds of clothes do you want to wear today?
Can you dress yourself?

shirt

셔츠

t-shirt

티셔츠

sweater

스웨터

coat

코트

dress

드레스

scarf

목도리

공부 시작한 날: 월 일 요일

공부 끝마친 날: 월 일 요일

pants

바지

skirt

치마

cap

모자

shoes

신발

socks

양말

hat

(챙 달린) 모자

shirt

셔츠

그림으로 표현해 볼까요?

쓰는 순서에 맞게 따라 쓰세요.

shirt shirt

바른 철자를 생각하면서 쓰기 연습을 하세요.

단어를 따라 써 문장을 완성하세요.

내 셔츠 어디 있어요?

Where is my shirt ?

t-shirt

티셔츠

그림으로 표현해 볼까요?

쓰는 순서에 맞게 따라 쓰세요.

t-shirt t-shirt

바른 철자를 생각하면서 쓰기 연습을 하세요.

단어를 따라 써 문장을 완성하세요.

I like this t-shirt.

나는 이 티셔츠가 마음에 들어요.

sweater

스웨터

그림으로 표현해 볼까요?

쓰는 순서에 맞게 따라 쓰세요.

sweater sweater

바른 철자를 생각하면서 쓰기 연습을 하세요.

단어를 따라 써 문장을 완성하세요.

이 스웨터를 입어.

Put on this sweater.

Clothes

그림으로 표현해 볼까요?

쓰는 순서에 맞게 따라 쓰세요.

coat coat

바른 철자를 생각하면서 쓰기 연습을 하세요.

단어를 따라 써 문장을 완성하세요.

이 코트는 따뜻해요.

This coat is warm.

dress

드레스

그림으로 표현해 볼까요?

쓰는 순서에 맞게 따라 쓰세요.

dress dress

바른 철자를 생각하면서 쓰기 연습을 하세요.

단어를 따라 써 문장을 완성하세요.

이것은 내가 제일 좋아하는 드레스예요.

This is my favorite dress .

scarf

목도리

그림으로 표현해 볼까요?

쓰는 순서에 맞게 따라 쓰세요.

scarf scarf

바른 철자를 생각하면서 쓰기 연습을 하세요.

단어를 따라 써 문장을 완성하세요.

눈사람이 목도리를 하고 있어요.

The snowman wears a scarf .

Clothes

pants

바지

그림으로 표현해 볼까요?

쓰는 순서에 맞게 따라 쓰세요.

pants pants

바른 철자를 생각하면서 쓰기 연습을 하세요.

단어를 따라 써 문장을 완성하세요.

나는 검은색 바지를 입어요.

I wear black pants .

skirt

치마

그림으로 표현해 볼까요?

쓰는 순서에 맞게 따라 쓰세요.

skirt skirt

바른 철자를 생각하면서 쓰기 연습을 하세요.

단어를 따라 써 문장을 완성하세요.

My skirt is pink.

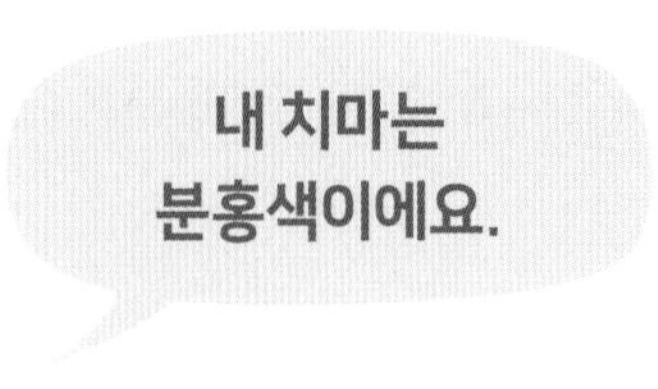

Clothes

cap

모자

그림으로 표현해 볼까요?

쓰는 순서에 맞게 따라 쓰세요.

cap cap

바른 철자를 생각하면서 쓰기 연습을 하세요.

단어를 따라 써 문장을 완성하세요.

모자를 써.

Put on your cap .

shoes

신발

그림으로 표현해 볼까요?

쓰는 순서에 맞게 따라 쓰세요.

shoes shoes

바른 철자를 생각하면서 쓰기 연습을 하세요.

단어를 따라 써 문장을 완성하세요.

My shoes are blue.

내 신발은 파란색이에요.

Clothes

socks

양말

그림으로 표현해 볼까요?

쓰는 순서에 맞게 따라 쓰세요.

socks socks

바른 철자를 생각하면서 쓰기 연습을 하세요.

단어를 따라 써 문장을 완성하세요.

I have red socks.

나는 빨간 양말을 가지고 있어요.

Clothes

hat

(챙 달린) 모자

그림으로 표현해 볼까요?

쓰는 순서에 맞게 따라 쓰세요.

hat hat

바른 철자를 생각하면서 쓰기 연습을 하세요.

단어를 따라 써 문장을 완성하세요.

이 모자 주세요.

Give me this hat, please.

Review Activity

1. 단어에 맞는 그림을 선으로 연결하고, 단어를 써 보세요.

pants •

• 

skirt •

• 

cap •

• 

shoes •

• 

socks •

• 

2. 아래 그림을 보고, 단어 퍼즐을 완성하세요.

가로

4

세로

1

2

3

3. 우리말 문장을 읽고, 빈칸에 알맞은 단어를 쓰세요.

1 이것은 내가 제일 좋아하는 드레스예요. 2 내 신발은 파란색이에요.

1 This is my favorite ______________.

2 My ______________ are blue.

MP3 21

Chapter 6.

Things to Ride 탈것

Here are lots of things to ride. Which do you think is the fastest? Which one do you want to ride?

bicycle

자전거

scooter

킥보드

motorbike

오토바이

car

자동차

bus

버스

공부 시작한 날: 월 일 요일

공부 끝마친 날: 월 일 요일

truck

트럭

airplane

비행기

subway

지하철

ship

배

train

기차

bicycle

자전거

그림으로 표현해 볼까요?

쓰는 순서에 맞게 따라 쓰세요.

bicycle bicycle

바른 철자를 생각하면서 쓰기 연습을 하세요.

단어를 따라 써 문장을 완성하세요.

I can ride a bicycle.

나는 자전거를 탈 수 있어요.

scooter

그림으로 표현해 볼까요?

킥보드

쓰는 순서에 맞게 따라 쓰세요.

scooter scooter

바른 철자를 생각하면서 쓰기 연습을 하세요.

단어를 따라 써 문장을 완성하세요.

This is my new scooter .

이것은
내 새 킥보드예요.

motorbike

오토바이

그림으로 표현해 볼까요?

쓰는 순서에 맞게 따라 쓰세요.

motorbike

motorbike

바른 철자를 생각하면서 쓰기 연습을 하세요.

단어를 따라 써 문장을 완성하세요.

오토바이는 바퀴가 두 개예요.

A motorbike has two wheels.

car

자동차

그림으로 표현해 볼까요?

쓰는 순서에 맞게 따라 쓰세요.

car car

바른 철자를 생각하면서 쓰기 연습을 하세요.

단어를 따라 써 문장을 완성하세요.

A car has four wheels.

자동차는
바퀴가 네 개예요.

bus

버스

그림으로 표현해 볼까요?

쓰는 순서에 맞게 따라 쓰세요.

bus bus

바른 철자를 생각하면서 쓰기 연습을 하세요.

단어를 따라 써 문장을 완성하세요.

저기 버스가 와요.

Here comes the bus .

truck

트럭

그림으로 표현해 볼까요?

쓰는 순서에 맞게 따라 쓰세요.

truck truck

바른 철자를 생각하면서 쓰기 연습을 하세요.

단어를 따라 써 문장을 완성하세요.

아빠가
트럭을 운전해요.

My father drives a truck .

Things to Ride

airplane

비행기

그림으로 표현해 볼까요?

쓰는 순서에 맞게 따라 쓰세요.

airplane airplane

바른 철자를 생각하면서 쓰기 연습을 하세요.

단어를 따라 써 문장을 완성하세요.

봐! 비행기가 이륙하고 있어.

Look! The airplane is taking off.

subway

그림으로 표현해 볼까요?

지하철

쓰는 순서에 맞게 따라 쓰세요.

subway subway

바른 철자를 생각하면서 쓰기 연습을 하세요.

단어를 따라 써 문장을 완성하세요.

나는 매일 지하철을 타요.

I take the subway every day.

ship

배

그림으로 표현해 볼까요?

쓰는 순서에 맞게 따라 쓰세요.

ship ship

바른 철자를 생각하면서 쓰기 연습을 하세요.

단어를 따라 써 문장을 완성하세요.

배가 바다 위에 있어요.

The ship is on the sea.

train

그림으로 표현해 볼까요?

기차

쓰는 순서에 맞게 따라 쓰세요.

train train

바른 철자를 생각하면서 쓰기 연습을 하세요.

단어를 따라 써 문장을 완성하세요.

I am on a train.

나는 기차에 타고 있어요.

Review Activity

1. 단어에 맞는 그림을 선으로 연결하고, 단어를 써 보세요.

bicycle •　　• 

scooter •　　• 

motorbike •　　• 

bus •　　• 

truck •　　• 

2. 그림에 해당하는 단어를 아래 퍼즐에서 찾아 O 하세요.
단어는 가로 또는 세로 방향으로만 숨겨져 있어요.

l	b	d	a	w	t	a	u	e	w	s	p
r	h	s	f	z	r	i	u	c	a	u	n
b	y	i	n	e	a	r	p	q	k	b	d
l	g	k	k	x	i	p	r	v	e	w	s
f	d	b	q	o	n	l	a	d	o	a	h
s	n	h	i	e	s	a	o	r	m	y	i
i	q	d	d	v	m	n	z	p	u	i	p
s	n	x	t	c	n	e	y	m	j	w	n

3. 우리말 문장을 읽고, 빈칸에 알맞은 단어를 쓰세요.

1 자동차는 바퀴가 네 개예요.
2 이것은 내 새 킥보드예요.

1 A __________ has four wheels.

2 This is my new __________.

MP3 22

Chapter 7.
Fruit 과일

What is your favorite fruit? Which fruit tastes sour?

apple

사과

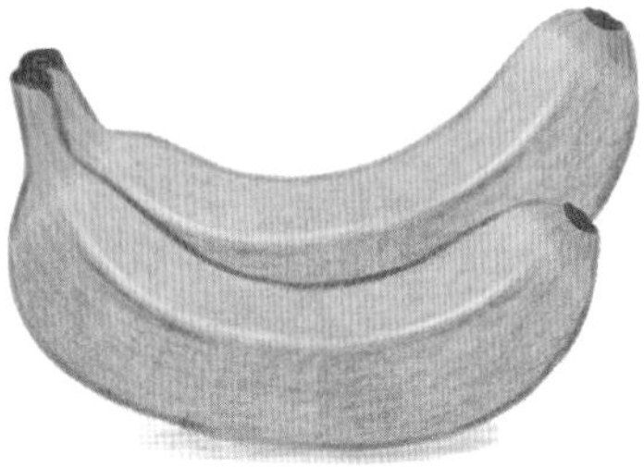

banana

바나나

orange

오렌지

grapes

포도

strawberry

딸기

공부 시작한 날: 월 일 요일

공부 끝마친 날: 월 일 요일

watermelon

수박

peach

복숭아

kiwi

키위

pineapple

파인애플

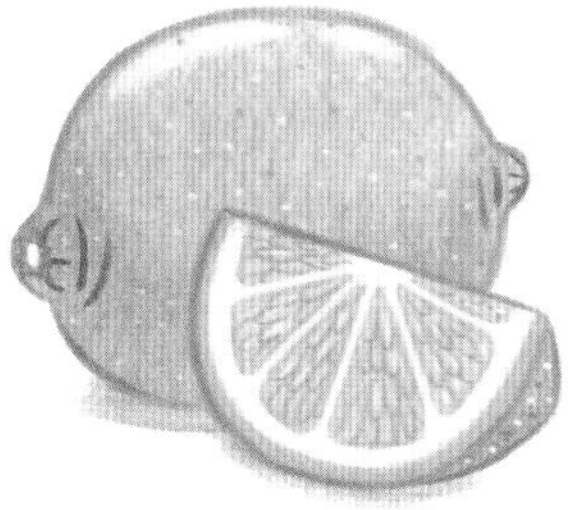

lemon

레몬

Fruit

apple

사과

그림으로 표현해 볼까요?

쓰는 순서에 맞게 따라 쓰세요.

apple apple

바른 철자를 생각하면서 쓰기 연습을 하세요.

단어를 따라 써 문장을 완성하세요.

나는 사과를 좋아해요.

I like apples.

banana

Fruit

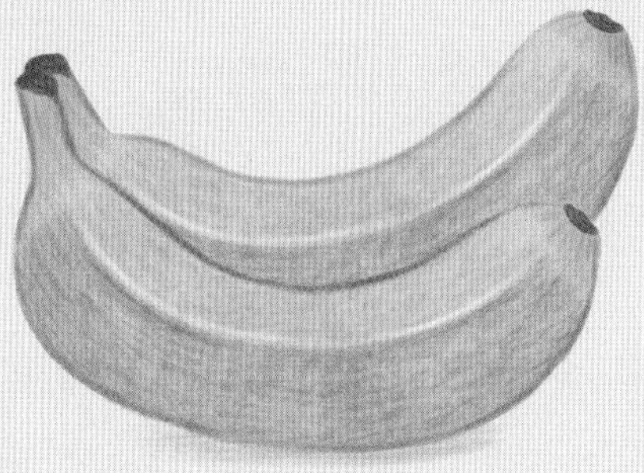

그림으로 표현해 볼까요?

바나나

쓰는 순서에 맞게 따라 쓰세요.

banana banana

바른 철자를 생각하면서 쓰기 연습을 하세요.

단어를 따라 써 문장을 완성하세요.

A banana is yellow.

바나나는 노란색이에요.

Fruit

orange

오렌지

그림으로 표현해 볼까요?

쓰는 순서에 맞게 따라 쓰세요.

orange orange

바른 철자를 생각하면서 쓰기 연습을 하세요.

단어를 따라 써 문장을 완성하세요.

Give me an orange.

저에게 오렌지를 하나 주세요.

grapes

포도

그림으로 표현해 볼까요?

쓰는 순서에 맞게 따라 쓰세요.

grapes grapes

바른 철자를 생각하면서 쓰기 연습을 하세요.

단어를 따라 써 문장을 완성하세요.

나는 포도를 먹고 싶어요.

I want to eat some grapes .

Fruit

strawberry

딸기

그림으로 표현해 볼까요?

쓰는 순서에 맞게 따라 쓰세요.

strawberry

strawberry

바른 철자를 생각하면서 쓰기 연습을 하세요.

단어를 따라 써 문장을 완성하세요.

I like strawberry ice cream.

나는 딸기 아이스크림을 좋아해요.

watermelon

그림으로 표현해 볼까요?

수박

쓰는 순서에 맞게 따라 쓰세요.

watermelon

watermelon

바른 철자를 생각하면서 쓰기 연습을 하세요.

단어를 따라 써 문장을 완성하세요.

수박은 과즙이 많아요.

A watermelon is juicy.

Fruit

peach

복숭아

그림으로 표현해 볼까요?

쓰는 순서에 맞게 따라 쓰세요.

peach peach

바른 철자를 생각하면서 쓰기 연습을 하세요.

단어를 따라 써 문장을 완성하세요.

복숭아는 맛이 달아요.

A peach tastes sweet.

kiwi

그림으로 표현해 볼까요?

키위

쓰는 순서에 맞게 따라 쓰세요.

kiwi kiwi

바른 철자를 생각하면서 쓰기 연습을 하세요.

단어를 따라 써 문장을 완성하세요.

A kiwi is small.

키위는 작아요.

Fruit

pineapple

파인애플

그림으로 표현해 볼까요?

쓰는 순서에 맞게 따라 쓰세요.

pineapple

pineapple

바른 철자를 생각하면서 쓰기 연습을 하세요.

단어를 따라 써 문장을 완성하세요.

파인애플은 매우 달아요.

A pineapple is so sweet.

Fruit

lemon

레몬

그림으로 표현해 볼까요?

쓰는 순서에 맞게 따라 쓰세요.

lemon lemon

바른 철자를 생각하면서 쓰기 연습을 하세요.

단어를 따라 써 문장을 완성하세요.

A lemon is sour.

레몬은 시어요.

Review Activity

1. 단어에 맞는 그림을 선으로 연결하고, 단어를 써 보세요.

apple •　　• 

banana •　　• 

orange •　　• 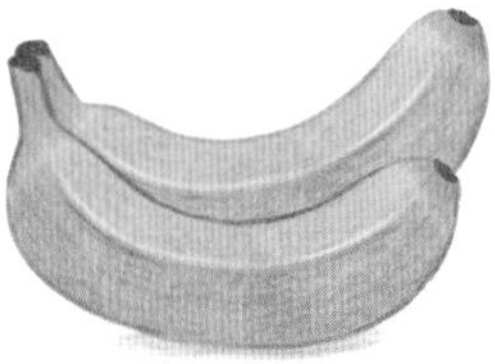

grapes •　　• 

strawberrry •　　• 

2. 아래 그림을 보고, 단어 퍼즐을 완성하세요.

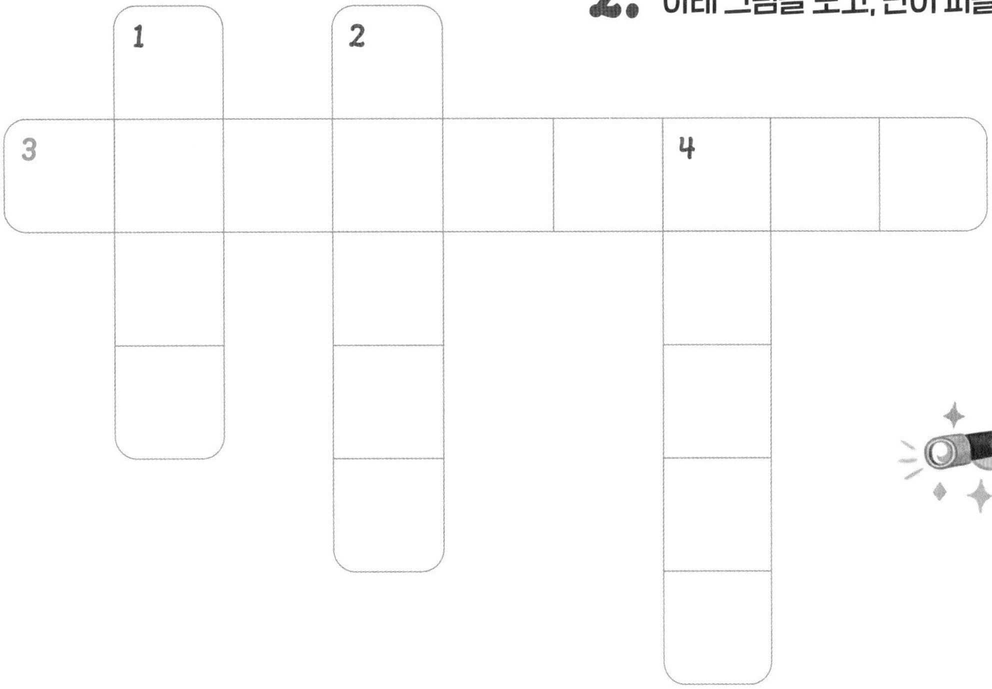

가로	세로		
3 	1 	2 	4 

3. 우리말 문장을 읽고, 빈칸에 알맞은 단어를 쓰세요.

1 복숭아는 맛이 달아요.　　2 바나나는 노란색이에요.

1 A ______________ tastes sweet.

2 A ______________ is yellow.

MP3 23

Chapter 8.
Food 음식

What kind of food do you like to eat now?

cake

케이크

bread

빵

rice

밥, 쌀

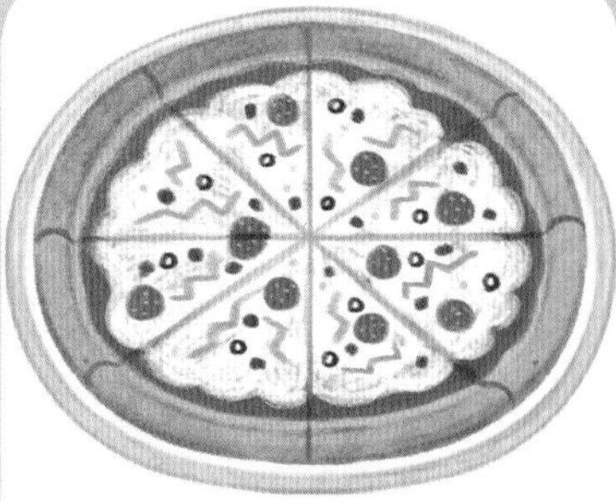

pizza

피자

hamburger

햄버거

공부 시작한 날: 월 일 요일

공부 끝마친 날: 월 일 요일

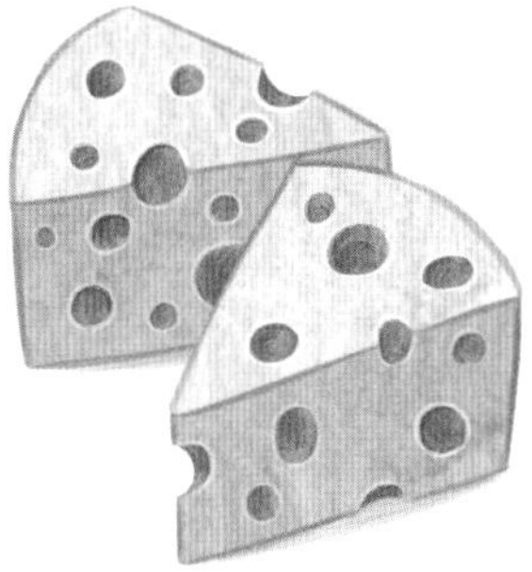

cheese

치즈

milk

우유

ice cream

아이스크림

sausage

소시지

hot dog

핫도그

Food

cake

케이크

그림으로 표현해 볼까요?

쓰는 순서에 맞게 따라 쓰세요.

cake cake

바른 철자를 생각하면서 쓰기 연습을 하세요.

단어를 따라 써 문장을 완성하세요.

케이크 좀 먹으렴.

Have some cakes .

bread

빵

그림으로 표현해 볼까요?

쓰는 순서에 맞게 따라 쓰세요.

bread bread

바른 철자를 생각하면서 쓰기 연습을 하세요.

단어를 따라 써 문장을 완성하세요.

이 빵은 매우 맛있어요.

This bread is very delicious.

Food

rice

밥, 쌀

그림으로 표현해 볼까요?

쓰는 순서에 맞게 따라 쓰세요.

rice rice

바른 철자를 생각하면서 쓰기 연습을 하세요.

단어를 따라 써 문장을 완성하세요.

나는 매일 밥을 먹어요.

I eat rice every day.

pizza

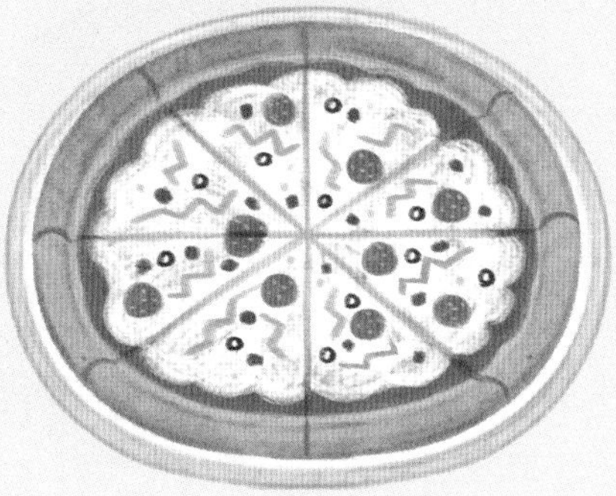

피자

그림으로 표현해 볼까요?

쓰는 순서에 맞게 따라 쓰세요.

pizza pizza

바른 철자를 생각하면서 쓰기 연습을 하세요.

단어를 따라 써 문장을 완성하세요.

나는 점심으로 피자를 먹어요.

I eat pizza for lunch.

Food

hamburger

햄버거

그림으로 표현해 볼까요?

쓰는 순서에 맞게 따라 쓰세요.

hamburger

hamburger

바른 철자를 생각하면서 쓰기 연습을 하세요.

단어를 따라 써 문장을 완성하세요.

너 햄버거 좋아하니?

Do you like hamburgers ?

Food

cheese

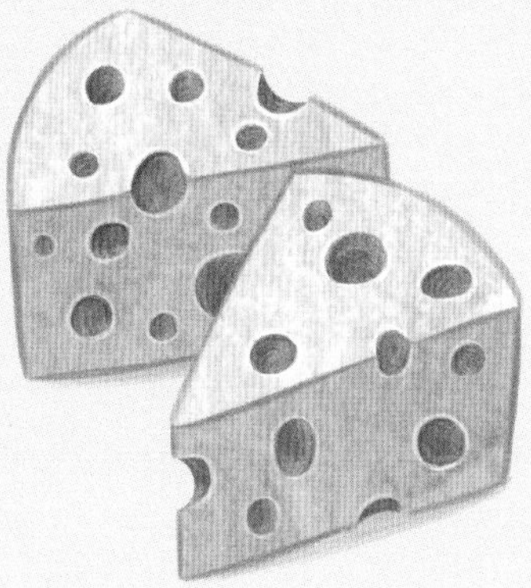

치즈

그림으로 표현해 볼까요?

쓰는 순서에 맞게 따라 쓰세요.

cheese cheese

바른 철자를 생각하면서 쓰기 연습을 하세요.

단어를 따라 써 문장을 완성하세요.

나는 치즈를 좋아하지 않아요.

I don't like cheese .

Food

milk

우유

그림으로 표현해 볼까요?

쓰는 순서에 맞게 따라 쓰세요.

milk milk

바른 철자를 생각하면서 쓰기 연습을 하세요.

단어를 따라 써 문장을 완성하세요.

나는 매일
우유를 마셔요.

I drink milk every day.

Food

ice cream

아이스크림

그림으로 표현해 볼까요?

쓰는 순서에 맞게 따라 쓰세요.

ice cream

ice cream

바른 철자를 생각하면서 쓰기 연습을 하세요.

단어를 따라 써 문장을 완성하세요.

나는 초콜릿
아이스크림을 좋아해요.

I like chocolate ice cream .

Food

sausage

소시지

그림으로 표현해 볼까요?

쓰는 순서에 맞게 따라 쓰세요.

sausage

sausage

바른 철자를 생각하면서 쓰기 연습을 하세요.

단어를 따라 써 문장을 완성하세요.

아빠가 소시지를 구워요.

My dad cooks some sausages .

hot dog

그림으로 표현해 볼까요?

핫도그

쓰는 순서에 맞게 따라 쓰세요.

hot dog hot dog

바른 철자를 생각하면서 쓰기 연습을 하세요.

단어를 따라 써 문장을 완성하세요.

소시지가 핫도그 빵 안에 들어 있어요.

A sausage is in the hot dog bun.

Review Activity

1. 단어에 맞는 그림을 선으로 연결하고, 단어를 써 보세요.

cake •　　• 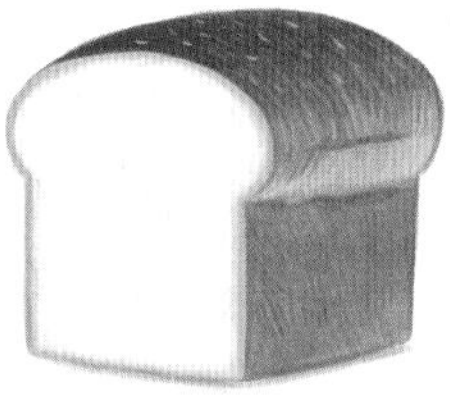

bread •　　• 

rice •　　• 

ice cream •　　• 

sausage •　　• 

2. 그림에 해당하는 단어를 아래 퍼즐에서 찾아 O 하세요. 단어는 가로 또는 세로 방향으로만 숨겨져 있어요.

   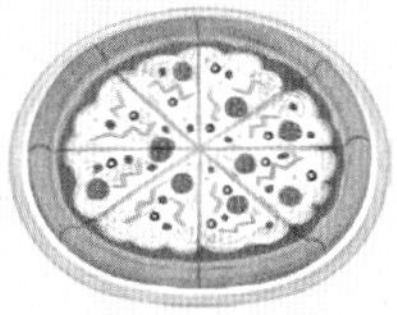

q	t	i	r	f	j	z	j	z	n	o	p
d	v	c	h	e	e	s	e	h	j	u	i
u	c	r	x	o	m	u	x	o	w	m	z
i	a	c	j	d	x	h	e	i	h	a	z
d	m	d	s	k	r	x	v	u	u	p	a
h	a	m	b	u	r	g	e	r	o	y	n
h	c	p	o	d	w	v	m	i	l	k	c
c	h	i	u	g	w	z	m	y	v	x	q

3. 우리말 문장을 읽고, 빈칸에 알맞은 단어를 쓰세요.

1 소시지가 핫도그 빵 안에 들어 있어요. 2 나는 매일 우유를 마셔요.

1 A sausage is in the ________ bun.

2 I drink ________ every day.

MP3 24

Chapter 9.
Family 가족

Who is in your family? Do you have any brothers or sisters?

mother
엄마

father
아빠

brother
형, 오빠, 남동생

sister
언니, 누나, 여동생

공부 시작한 날: 월 일 요일

공부 끝마친 날: 월 일 요일

grandmother

할머니

grandfather

할아버지

uncle

삼촌, 외삼촌

aunt

고모, 이모

Family

mother

엄마

그림으로 표현해 볼까요?

쓰는 순서에 맞게 따라 쓰세요.

mother mother

바른 철자를 생각하면서 쓰기 연습을 하세요.

단어를 따라 써 문장을 완성하세요.

I love my mother.

나는 엄마를 사랑해요.

father

그림으로 표현해 볼까요?

아빠

쓰는 순서에 맞게 따라 쓰세요.

father father

바른 철자를 생각하면서 쓰기 연습을 하세요.

단어를 따라 써 문장을 완성하세요.

My father is busy.

아빠는 바빠요.

Family

brother

형, 오빠, 남동생

그림으로 표현해 볼까요?

쓰는 순서에 맞게 따라 쓰세요.

brother brother

바른 철자를 생각하면서 쓰기 연습을 하세요.

단어를 따라 써 문장을 완성하세요.

I have one brother.

나는 형(오빠, 남동생)이 한 명 있어요.

sister

언니, 누나, 여동생

그림으로 표현해 볼까요?

쓰는 순서에 맞게 따라 쓰세요.

sister sister

바른 철자를 생각하면서 쓰기 연습을 하세요.

단어를 따라 써 문장을 완성하세요.

She is my sister.

그녀는 제 언니 (누나, 여동생)예요.

grandmother

할머니

그림으로
표현해 볼까요?

쓰는 순서에 맞게 따라 쓰세요.

grandmother

grandmother

바른 철자를 생각하면서 쓰기 연습을 하세요.

단어를 따라 써 문장을 완성하세요.

우리 할머니는
건강해요.

My grandmother is healthy.

grandfather

그림으로
표현해 볼까요?

할아버지

쓰는 순서에 맞게 따라 쓰세요.

grandfather

grandfather

바른 철자를 생각하면서 쓰기 연습을 하세요.

단어를 따라 써 문장을 완성하세요.

우리 할아버지는
키가 커요.

My grandfather is tall.

Family

uncle

삼촌, 외삼촌

그림으로 표현해 볼까요?

쓰는 순서에 맞게 따라 쓰세요.

uncle uncle

바른 철자를 생각하면서 쓰기 연습을 하세요.

단어를 따라 써 문장을 완성하세요.

My uncle lives alone.

우리 삼촌(외삼촌)은 혼자 살아요.

aunt

고모, 이모

그림으로 표현해 볼까요?

Family

쓰는 순서에 맞게 따라 쓰세요.

aunt aunt

바른 철자를 생각하면서 쓰기 연습을 하세요.

단어를 따라 써 문장을 완성하세요.

My aunt has two dogs.

우리 고모(이모)에게는 개 두 마리가 있어요.

Review Activity

1. 단어에 맞는 그림을 선으로 연결하고, 단어를 써 보세요.

grandmother •　　　•

grandfather •　　　•

uncle •　　　•

aunt •　　　•

mother •　　　•

2. 아래 그림을 보고, 단어 퍼즐을 완성하세요.

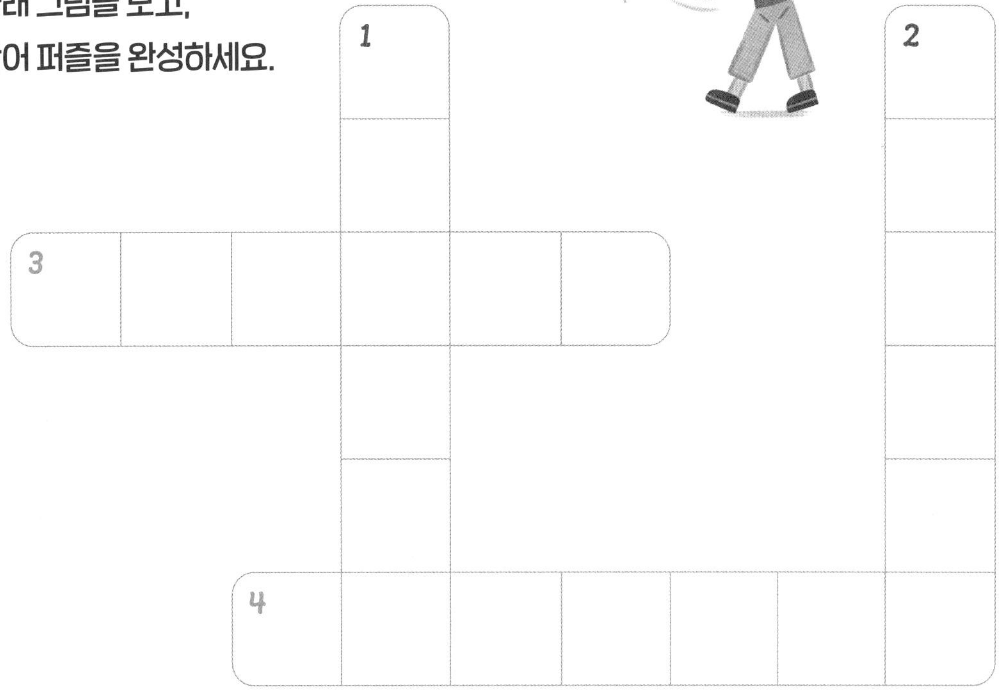

가로

3 

4 

세로

1 

2 

3. 우리말 문장을 읽고, 빈칸에 알맞은 단어를 쓰세요.

1 우리 고모(이모)에게는 개 두 마리가 있어요. 2 우리 할아버지는 키가 커요.

1 My ______________ has two dogs.

2 My ____________________ is tall.

MP3 25

Chapter 10.
Colors 색깔

Do you know all these colors? What is your favorite color?

white

흰색

blue

파란색

yellow

노란색

purple

보라색

green

녹색

공부 시작한 날: 월 일 요일

공부 끝마친 날: 월 일 요일

red

빨간색

black

검은색

brown

갈색

gray

회색

pink

분홍색

white

흰색

그림으로 표현해 볼까요?

쓰는 순서에 맞게 따라 쓰세요.

white white

바른 철자를 생각하면서 쓰기 연습을 하세요.

단어를 따라 써 문장을 완성하세요.

눈은 흰색이에요.

Snow is white .

blue

파란색

그림으로 표현해 볼까요?

쓰는 순서에 맞게 따라 쓰세요.

blue blue

바른 철자를 생각하면서 쓰기 연습을 하세요.

단어를 따라 써 문장을 완성하세요.

하늘이 파래요.

The sky is blue .

yellow

노란색

그림으로 표현해 볼까요?

쓰는 순서에 맞게 따라 쓰세요.

yellow yellow

바른 철자를 생각하면서 쓰기 연습을 하세요.

단어를 따라 써 문장을 완성하세요.

나는 내 노란색
스웨터를 좋아해요.

I love my yellow sweater.

purple

그림으로 표현해 볼까요?

보라색

쓰는 순서에 맞게 따라 쓰세요.

purple purple

바른 철자를 생각하면서 쓰기 연습을 하세요.

단어를 따라 써 문장을 완성하세요.

My socks are purple.

내 양말은 보라색이에요.

green

녹색

그림으로 표현해 볼까요?

쓰는 순서에 맞게 따라 쓰세요.

green green

바른 철자를 생각하면서 쓰기 연습을 하세요.

단어를 따라 써 문장을 완성하세요.

나는 녹색 치마를
가지고 있어요.

I have a green skirt.

red

그림으로 표현해 볼까요?

빨간색

쓰는 순서에 맞게 따라 쓰세요.

red red

바른 철자를 생각하면서 쓰기 연습을 하세요.

단어를 따라 써 문장을 완성하세요.

나는 빨간색 자전거를 가지고 있어요.

I have a red bicycle.

black

검은색

그림으로 표현해 볼까요?

쓰는 순서에 맞게 따라 쓰세요.

black black

바른 철자를 생각하면서 쓰기 연습을 하세요.

단어를 따라 써 문장을 완성하세요.

I have a black dog.

나에게는 검은색 개가 있어요.

brown

그림으로 표현해 볼까요?

갈색

쓰는 순서에 맞게 따라 쓰세요.

brown brown

바른 철자를 생각하면서 쓰기 연습을 하세요.

단어를 따라 써 문장을 완성하세요.

우리 엄마
머리는 갈색이에요.

My mom has brown hair.

gray

회색

그림으로 표현해 볼까요?

쓰는 순서에 맞게 따라 쓰세요.

gray gray

바른 철자를 생각하면서 쓰기 연습을 하세요.

단어를 따라 써 문장을 완성하세요.

우리 할머니는 머리가 희어요.

My grandmother has gray hair.

pink

그림으로 표현해 볼까요?

분홍색

쓰는 순서에 맞게 따라 쓰세요.

pink pink

바른 철자를 생각하면서 쓰기 연습을 하세요.

단어를 따라 써 문장을 완성하세요.

내가 제일 좋아하는 색은 분홍색이에요.

My favorite color is pink .

Review Activity

1. 단어에 맞는 그림을 선으로 연결하고, 단어를 써 보세요.

white •

• 

blue •

• 

yellow •

• 

purple •

• 

green •

• 

2. 그림에 해당하는 단어를 아래 퍼즐에서 찾아 ○ 하세요.
단어는 가로 또는 세로 방향으로만 숨겨져 있어요.

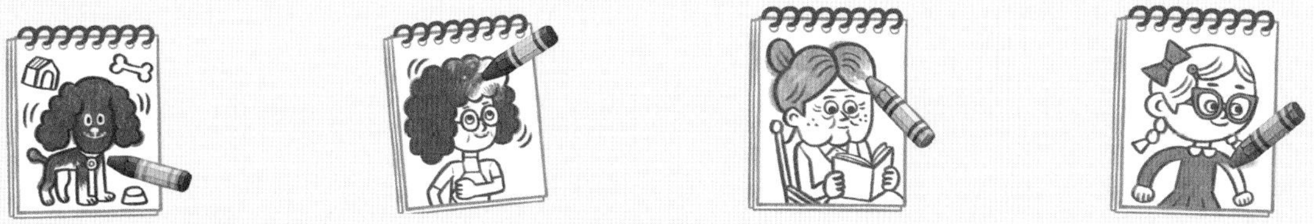

b	r	o	w	n	m	o	h	v	z	u	y
g	c	a	v	b	e	l	r	k	x	x	p
r	t	u	e	l	x	m	m	l	v	j	x
a	v	q	j	a	i	s	p	c	p	t	h
y	u	w	g	c	h	c	i	z	a	u	n
m	b	x	f	k	u	f	n	c	r	p	n
t	p	c	n	i	e	x	k	s	v	q	x
q	u	f	y	k	d	z	s	j	z	g	l

3. 우리말 문장을 읽고, 빈칸에 알맞은 단어를 쓰세요.

1 나에게는 검은색 개가 있어요.

2 내 양말은 보라색이에요.

1 I have a ______________ dog.

2 My socks are ______________.

MP3 26

Chapter 11. School 학교

Do you know the words for all these school things?

teacher

선생님

friend

친구

playground

운동장

blackboard

칠판

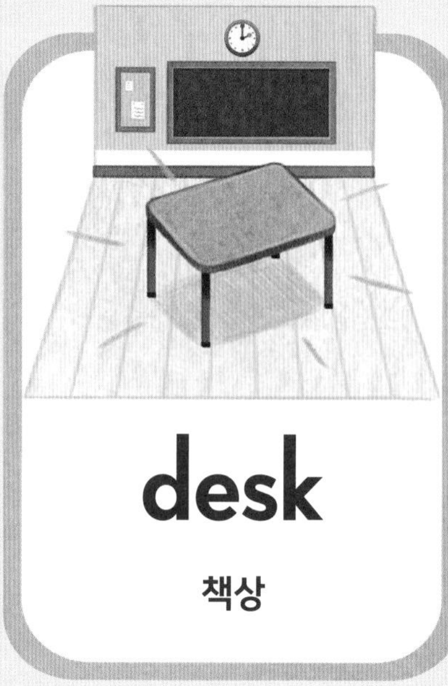

desk

책상

공부 시작한 날: 월 일 요일

공부 끝마친 날: 월 일 요일

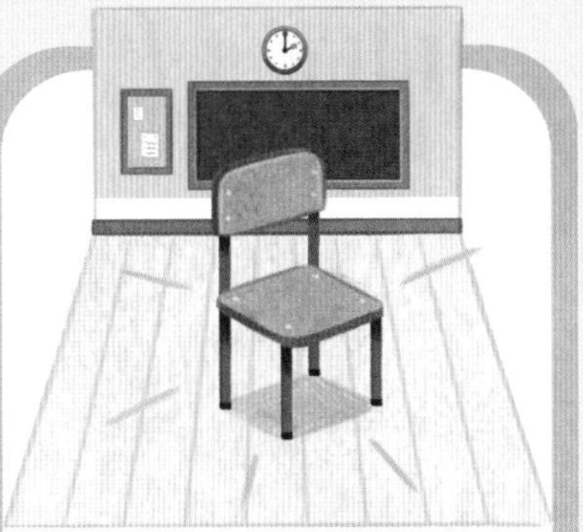

chair

의자

bag

가방

pencil

연필

notebook

공책

eraser

지우개

School

teacher

선생님

그림으로 표현해 볼까요?

쓰는 순서에 맞게 따라 쓰세요.

teacher teacher

바른 철자를 생각하면서 쓰기 연습을 하세요.

단어를 따라 써 문장을 완성하세요.

This is my teacher.

이분은 저의
선생님이에요.

School

friend

친구

그림으로 표현해 볼까요?

쓰는 순서에 맞게 따라 쓰세요.

friend friend

바른 철자를 생각하면서 쓰기 연습을 하세요.

단어를 따라 써 문장을 완성하세요.

우리는 친구예요.

We are friends .

School

playground

운동장

그림으로 표현해 볼까요?

쓰는 순서에 맞게 따라 쓰세요.

playground

playground

바른 철자를 생각하면서 쓰기 연습을 하세요.

단어를 따라 써 문장을 완성하세요.

I play on the playground .

나는 운동장에서 놀아요.

blackboard

그림으로 표현해 볼까요?

칠판

쓰는 순서에 맞게 따라 쓰세요.

blackboard

blackboard

바른 철자를 생각하면서 쓰기 연습을 하세요.

단어를 따라 써 문장을 완성하세요.

모두 칠판을 봐.

Look at the blackboard, everyone.

desk

책상

그림으로 표현해 볼까요?

쓰는 순서에 맞게 따라 쓰세요.

desk desk

바른 철자를 생각하면서 쓰기 연습을 하세요.

단어를 따라 써 문장을 완성하세요.

Where is my desk ?

내 책상은
어디에 있어요?

chair

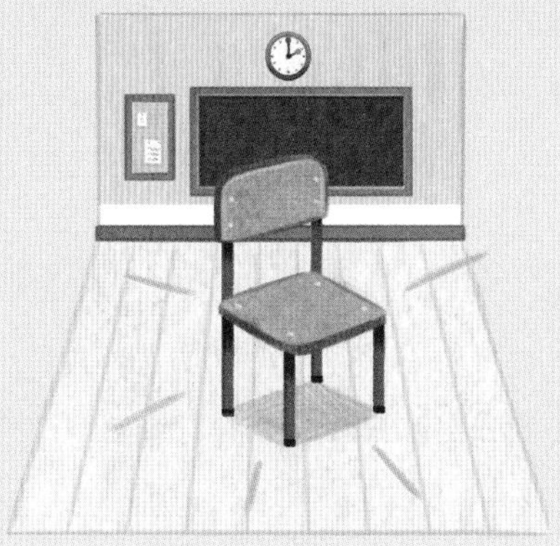

의자

그림으로 표현해 볼까요?

쓰는 순서에 맞게 따라 쓰세요.

chair chair

바른 철자를 생각하면서 쓰기 연습을 하세요.

단어를 따라 써 문장을 완성하세요.

나는 의자에 앉아요.

I sit on a chair .

School

bag

가방

그림으로 표현해 볼까요?

쓰는 순서에 맞게 따라 쓰세요.

bag bag

바른 철자를 생각하면서 쓰기 연습을 하세요.

단어를 따라 써 문장을 완성하세요.

This bag is mine.

이 가방은 제 거예요.

pencil

연필

그림으로 표현해 볼까요?

쓰는 순서에 맞게 따라 쓰세요.

pencil pencil

바른 철자를 생각하면서 쓰기 연습을 하세요.

단어를 따라 써 문장을 완성하세요.

나는 연필을 많이 가지고 있어요.

I have a lot of pencils.

School

notebook

공책

그림으로 표현해 볼까요?

쓰는 순서에 맞게 따라 쓰세요.

notebook

notebook

바른 철자를 생각하면서 쓰기 연습을 하세요.

단어를 따라 써 문장을 완성하세요.

Open your notebook.

공책을 펴라.

eraser

지우개

그림으로 표현해 볼까요?

쓰는 순서에 맞게 따라 쓰세요.

eraser eraser

바른 철자를 생각하면서 쓰기 연습을 하세요.

단어를 따라 써 문장을 완성하세요.

네 지우개 써도 되니?

May I use your eraser ?

Review Activity

1. 단어에 맞는 그림을 선으로 연결하고, 단어를 써 보세요.

chair •　　• 

bag •　　• 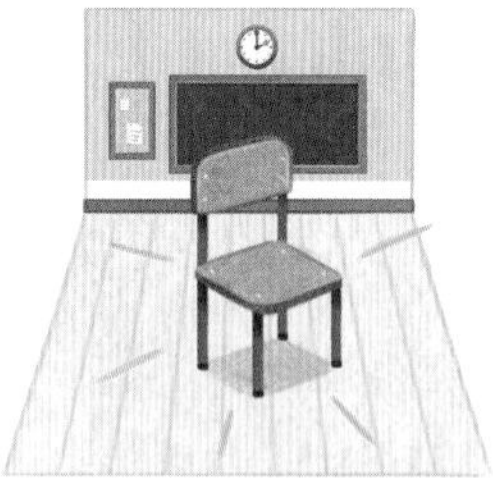

pencil •　　• 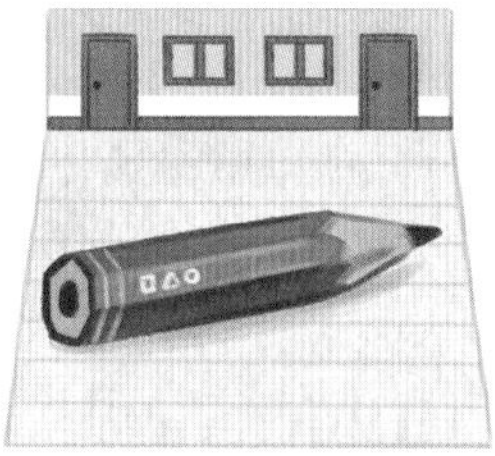

notebook •　　• 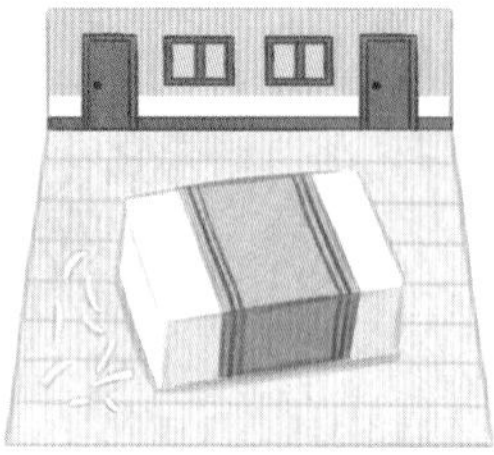

eraser •　　• 

2. 오른쪽 그림을 보고,
단어 퍼즐을 완성하세요.

가로

2 

4 

세로

1 

3 

3. 우리말 문장을 읽고, 빈칸에 알맞은 단어를 쓰세요.

1 네 지우개 써도 되니? 2 나는 운동장에서 놀아요.

1 May I use your ________________?

2 I play on the ________________.

Part 3

기초 형용사와 동사

내 기분과 감정을 표현하는 단어와 동작을 나타내는 단어를 통해
필수 형용사와 동사를 익혀요.

Chapter 12. Feelings and Emotions

Chapter 13. Actions 1

Chapter 14. Actions 2

ENGLISH

MP3 27

Chapter 12.

Feelings and Emotions 기분과 감정

How are you feeling today? Do you feel happy or sad?

happy

행복한

sad

슬픈

hungry

배고픈

full

배부른

scared

무서워하는, 겁먹은

공부 시작한 날: 월 일 요일

공부 끝마친 날: 월 일 요일

surprised

놀란

excited

신이 난

bored

지루한, 심심한

sleepy

졸린

angry

화가 난

happy

행복한

그림으로 표현해 볼까요?

쓰는 순서에 맞게 따라 쓰세요.

happy happy

바른 철자를 생각하면서 쓰기 연습을 하세요.

단어를 따라 써 문장을 완성하세요.

I'm happy.

나는 행복해요.

sad

그림으로 표현해 볼까요?

슬픈

쓰는 순서에 맞게 따라 쓰세요.

sad sad

바른 철자를 생각하면서 쓰기 연습을 하세요.

단어를 따라 써 문장을 완성하세요.

나는 너무 슬퍼요.

I'm so sad .

hungry

배고픈

그림으로 표현해 볼까요?

쓰는 순서에 맞게 따라 쓰세요.

hungry hungry

바른 철자를 생각하면서 쓰기 연습을 하세요.

단어를 따라 써 문장을 완성하세요.

I'm hungry now.

나는 지금 배가 고파요.

full

배부른

그림으로 표현해 볼까요?

쓰는 순서에 맞게 따라 쓰세요.

full full

바른 철자를 생각하면서 쓰기 연습을 하세요.

단어를 따라 써 문장을 완성하세요.

I'm full.

나는 배가 불러요.

scared

무서워하는, 겁먹은

그림으로 표현해 볼까요?

쓰는 순서에 맞게 따라 쓰세요.

scared scared

바른 철자를 생각하면서 쓰기 연습을 하세요.

단어를 따라 써 문장을 완성하세요.

나는 너무 무서워요.

I'm so scared.

surprised

그림으로 표현해 볼까요?

놀란

쓰는 순서에 맞게 따라 쓰세요.

surprised

surprised

바른 철자를 생각하면서 쓰기 연습을 하세요.

단어를 따라 써 문장을 완성하세요.

너를 여기서 보다니 놀랍구나.

I'm surprised to see you here.

excited

신이 난

그림으로 표현해 볼까요?

쓰는 순서에 맞게 따라 쓰세요.

excited excited

바른 철자를 생각하면서 쓰기 연습을 하세요.

단어를 따라 써 문장을 완성하세요.

나는 생일파티
생각에 신이 나요.

I'm excited about the birthday party.

bored

지루한, 심심한

그림으로 표현해 볼까요?

쓰는 순서에 맞게 따라 쓰세요.

bored bored

바른 철자를 생각하면서 쓰기 연습을 하세요.

단어를 따라 써 문장을 완성하세요.

아빠, 저 심심해요.
저랑 놀아 주세요.

Daddy, I'm bored . Play with me.

sleepy

졸린

그림으로 표현해 볼까요?

쓰는 순서에 맞게 따라 쓰세요.

sleepy sleepy

바른 철자를 생각하면서 쓰기 연습을 하세요.

단어를 따라 써 문장을 완성하세요.

엄마, 나 안 졸려요.

Mom, I'm not sleepy.

angry

화가 난

그림으로 표현해 볼까요?

쓰는 순서에 맞게 따라 쓰세요.

angry angry

바른 철자를 생각하면서 쓰기 연습을 하세요.

단어를 따라 써 문장을 완성하세요.

I am angry with you.

나 너한테 화났어.

Review Activity

1. 단어에 맞는 그림을 선으로 연결하고, 단어를 써 보세요.

sad •　　　• 

hungry •　　　• 

full •　　　• 

scared •　　　• 

surprised •　　　• 

2. 아래 그림을 보고, 단어 퍼즐을 완성하세요.

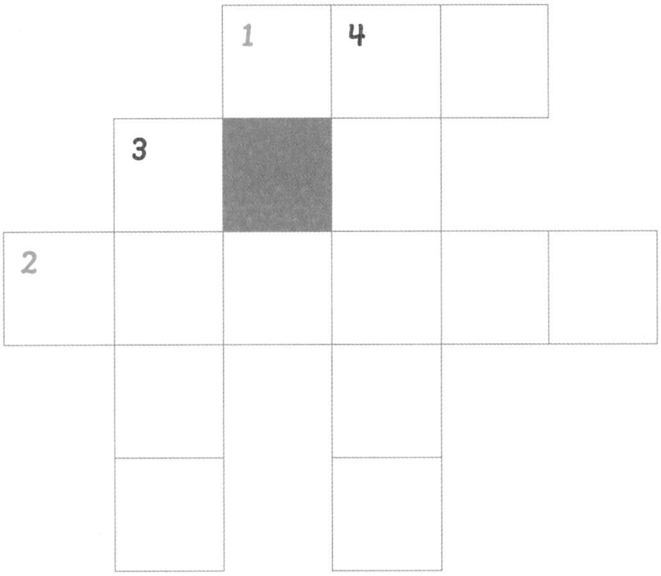

가로

1

2

세로

3

4

3. 우리말 문장을 읽고, 빈칸에 알맞은 단어를 쓰세요.

1 나는 생일파티 생각에 신이 나요.

2 아빠, 저 심심해요.

1 I'm ______________ for the birthday party.

2 Daddy, I'm ______________.

MP3 28

Chapter 13.
Actions 1 동작1

Look at the pictures below.
What are they doing? Do the same actions.

hear

듣다

play

놀다

touch

만지다

ride

타다

see

보다

공부 시작한 날:　　　월　　　일　　　요일

공부 끝마친 날:　　　월　　　일　　　요일

give

주다

take

잡다, 받다

smell

냄새 맡다

run

달리다

sit

앉다

hear

듣다

그림으로 표현해 볼까요?

쓰는 순서에 맞게 따라 쓰세요.

hear hear

바른 철자를 생각하면서 쓰기 연습을 하세요.

단어를 따라 써 문장을 완성하세요.

I hear the bird singing.

나는 새 노랫소리를 들어요.

play

놀다

그림으로 표현해 볼까요?

쓰는 순서에 맞게 따라 쓰세요.

play play

바른 철자를 생각하면서 쓰기 연습을 하세요.

단어를 따라 써 문장을 완성하세요.

Let's play outside.

밖에서 놀자.

Actions 1

touch

만지다

그림으로 표현해 볼까요?

쓰는 순서에 맞게 따라 쓰세요.

touch touch

바른 철자를 생각하면서 쓰기 연습을 하세요.

단어를 따라 써 문장을 완성하세요.

Don't touch it.

그것 만지지 마.

ride

타다

그림으로 표현해 볼까요?

쓰는 순서에 맞게 따라 쓰세요.

ride ride

바른 철자를 생각하면서 쓰기 연습을 하세요.

단어를 따라 써 문장을 완성하세요.

I can ride a bicycle.

나는 자전거를 탈 수 있어요.

see

보다

그림으로 표현해 볼까요?

쓰는 순서에 맞게 따라 쓰세요.

see see

바른 철자를 생각하면서 쓰기 연습을 하세요.

단어를 따라 써 문장을 완성하세요.

나는 사자를 봐요.

I see a lion.

give

주다

그림으로 표현해 볼까요?

쓰는 순서에 맞게 따라 쓰세요.

give give

바른 철자를 생각하면서 쓰기 연습을 하세요.

단어를 따라 써 문장을 완성하세요.

그 공 좀 줄래요?

Could you give me the ball?

take

잡다, 받다

그림으로 표현해 볼까요?

쓰는 순서에 맞게 따라 쓰세요.

take take

바른 철자를 생각하면서 쓰기 연습을 하세요.

단어를 따라 써 문장을 완성하세요.

내 손을 잡아.

주고 받기

Take my hand. Give and take

smell

냄새 맡다

그림으로 표현해 볼까요?

쓰는 순서에 맞게 따라 쓰세요.

smell smell

바른 철자를 생각하면서 쓰기 연습을 하세요.

단어를 따라 써 문장을 완성하세요.

I smell flowers.

나는 꽃향기를 맡아요.

run

달리다

그림으로 표현해 볼까요?

쓰는 순서에 맞게 따라 쓰세요.

run run

바른 철자를 생각하면서 쓰기 연습을 하세요.

단어를 따라 써 문장을 완성하세요.

나는 빨리 달릴 수 있어요.

I can run fast.

sit

앉다

그림으로 표현해 볼까요?

쓰는 순서에 맞게 따라 쓰세요.

sit sit

바른 철자를 생각하면서 쓰기 연습을 하세요.

단어를 따라 써 문장을 완성하세요.

May I sit here?

여기 앉아도 될까요?

Review Activity

1. 단어에 맞는 그림을 선으로 연결하고, 단어를 써 보세요.

hear •
play •
take •
smell •
run •

• 

• 

• 

• 

• 

2. 그림에 해당하는 단어를 아래 퍼즐에서 찾아 O 하세요.
단어는 가로 또는 세로 방향으로만 숨겨져 있어요.

s	g	s	e	e	g	w	x	n	a	a	j
d	q	o	l	r	i	z	a	j	w	v	y
u	w	t	v	i	v	h	i	b	b	h	n
i	d	o	w	d	e	s	o	l	e	p	b
o	r	u	i	g	z	m	b	g	b	h	x
g	v	c	r	i	d	e	e	d	o	i	e
w	n	h	v	n	t	d	f	v	k	i	u
t	p	y	v	w	s	b	r	m	q	l	a

3. 우리말 문장을 읽고, 빈칸에 알맞은 단어를 쓰세요.

1 밖에서 놀자.　　　2 여기 앉아도 될까요?

1 Let's __________ outside.

2 May I __________ here?

MP3 29

Chapter 14.
Actions 2 동작 2

Look at the pictures below.
What are they doing? Do the same actions.

stand

일어나다

eat

먹다

drink

마시다

sing

노래하다

walk

걷다

공부 시작한 날: 월 일 요일

공부 끝마친 날: 월 일 요일

jump

뛰다

sleep

(잠을) 자다

watch

(관심을 기울여) 보다

read

읽다

think

생각하다

stand

일어나다

그림으로 표현해 볼까요?

쓰는 순서에 맞게 따라 쓰세요.

stand stand

바른 철자를 생각하면서 쓰기 연습을 하세요.

단어를 따라 써 문장을 완성하세요.

Stand up, please.

자리에서 일어나 주세요.

eat

그림으로 표현해 볼까요?

먹다

쓰는 순서에 맞게 따라 쓰세요.

eat eat

바른 철자를 생각하면서 쓰기 연습을 하세요.

단어를 따라 써 문장을 완성하세요.

나는 고구마를 먹어요.

I eat sweet potatoes.

drink

마시다

그림으로 표현해 볼까요?

쓰는 순서에 맞게 따라 쓰세요.

drink drink

바른 철자를 생각하면서 쓰기 연습을 하세요.

단어를 따라 써 문장을 완성하세요.

나는 매일 물을 많이 마셔요.

I drink lots of water every day.

sing

노래하다

그림으로 표현해 볼까요?

쓰는 순서에 맞게 따라 쓰세요.

sing sing

바른 철자를 생각하면서 쓰기 연습을 하세요.

단어를 따라 써 문장을 완성하세요.

나는 노래를 잘해요.

I can sing well.

walk

걷다

그림으로 표현해 볼까요?

쓰는 순서에 맞게 따라 쓰세요.

walk walk

바른 철자를 생각하면서 쓰기 연습을 하세요.

단어를 따라 써 문장을 완성하세요.

나는 걸어서 학교에 가요.

I walk to school.

jump

그림으로 표현해 볼까요?

뛰다

쓰는 순서에 맞게 따라 쓰세요.

jump jump

바른 철자를 생각하면서 쓰기 연습을 하세요.

단어를 따라 써 문장을 완성하세요.

나는 높이 뛸 수 있어요.

I can jump high.

sleep

(잠을) 자다

그림으로 표현해 볼까요?

쓰는 순서에 맞게 따라 쓰세요.

sleep sleep

바른 철자를 생각하면서 쓰기 연습을 하세요.

단어를 따라 써 문장을 완성하세요.

이제 잘 시간이에요.

It's time to sleep.

watch

(관심을 기울여)
보다

그림으로 표현해 볼까요?

쓰는 순서에 맞게 따라 쓰세요.

watch watch

바른 철자를 생각하면서 쓰기 연습을 하세요.

단어를 따라 써 문장을 완성하세요.

나는 텔레비전이
보고 싶어요.

I want to watch television.

read

읽다

그림으로 표현해 볼까요?

쓰는 순서에 맞게 따라 쓰세요.

read read

바른 철자를 생각하면서 쓰기 연습을 하세요.

단어를 따라 써 문장을 완성하세요.

나는 영어를 읽을 수 있어요.

I can read English.

think

생각하다

그림으로 표현해 볼까요?

쓰는 순서에 맞게 따라 쓰세요.

think think

바른 철자를 생각하면서 쓰기 연습을 하세요.

단어를 따라 써 문장을 완성하세요.

나는 플러피가 매우 귀엽다고 생각해요.

I think Fluffy is very cute.

*Fluffy: 강아지 이름

Review Activity

1. 단어에 맞는 그림을 선으로 연결하고, 단어를 써 보세요.

stand •　　　　•

eat •　　　　•

drink •　　　　•

sing •　　　　•

walk •　　　　•

2. 아래 그림을 보고, 단어 퍼즐을 완성하세요.

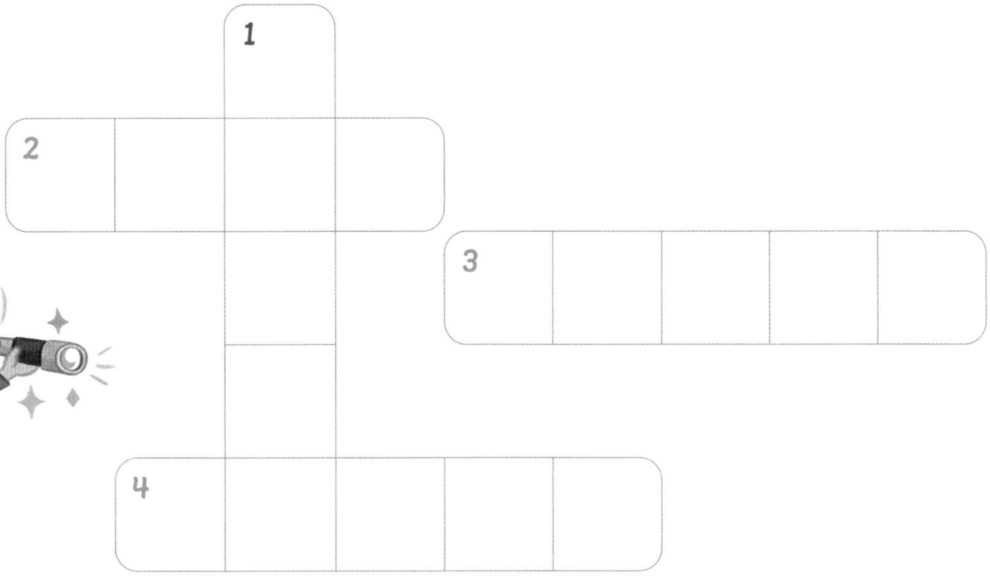

가로

2 

3 

4 

세로

1 

3. 우리말 문장을 읽고, 빈칸에 알맞은 단어를 쓰세요.

1 나는 높이 뛸 수 있어요. 2 나는 걸어서 학교에 가요.

1 I can ______________ high.

2 I ______________ to school.

전체 단어 & 문장 리스트

Words List

● 기초 파닉스 단어

단모음

- □ apple 사과
- □ bat 박쥐
- □ cat 고양이
- □ egg 달걀
- □ hen 암탉
- □ elevator 엘리베이터
- □ igloo 이글루
- □ milk 우유
- □ fish 물고기
- □ box 상자
- □ dog 개
- □ octopus 문어
- □ bus 버스
- □ sun 태양
- □ cup 컵

장모음

- □ acorn 도토리
- □ cake 케이크
- □ baby 아기
- □ key 열쇠
- □ leaf 나뭇잎
- □ tree 나무
- □ kite 연
- □ light 빛
- □ pie 파이
- □ coat 코트
- □ horse 말
- □ owl 부엉이
- □ glue 풀
- □ juice 주스
- □ music 음악

자음

- □ bag 가방
- □ bed 침대
- □ boy 소년
- □ cake 케이크
- □ cup 컵
- □ car 자동차
- □ dog 강아지
- □ dad 아빠
- □ doctor 의사
- □ face 얼굴
- □ fish 물고기
- □ farm 농장
- □ goat 염소
- □ gold 금
- □ game 놀이
- □ hat 모자
- □ house 집
- □ hole 구멍
- □ jam 잼
- □ juice 주스

공부해서 확실히 알게 된 단어는 □ 안에 V표를 하세요. 생각이 안 나는 단어는 해당 학습 페이지로 가서 다시 공부해요.

- [ ] jump 점프
- [ ] king 왕
- [ ] key 열쇠
- [ ] kiwi 키위
- [ ] lake 호수
- [ ] love 사랑
- [ ] lion 사자
- [ ] meat 고기
- [ ] moon 달
- [ ] mask 마스크
- [ ] nest 둥지
- [ ] nature 자연
- [ ] nose 코
- [ ] pig 돼지
- [ ] pencil 연필
- [ ] paper 종이
- [ ] quiz 퀴즈
- [ ] queen 여왕
- [ ] quiet 조용한
- [ ] river 강
- [ ] rain 비
- [ ] red 빨강
- [ ] sun 태양
- [ ] ski 스키
- [ ] sugar 설탕
- [ ] tiger 호랑이

- [ ] toy 장난감
- [ ] teeth 치아
- [ ] violin 바이올린
- [ ] vegetable 채소
- [ ] vote 투표
- [ ] water 물
- [ ] wall 벽
- [ ] watch 보다
- [ ] box 상자
- [ ] fox 여우
- [ ] six 숫자 6
- [ ] yacht 요트
- [ ] yellow 노랑
- [ ] yogurt 요거트
- [ ] zoo 동물원
- [ ] zero 숫자 0
- [ ] zipper 지퍼

단어의 주요 첫소리

- [ ] blue 파랑
- [ ] black 검정
- [ ] blank 빈, 없는
- [ ] flag 깃발
- [ ] flu 감기
- [ ] flower 꽃
- [ ] plane 비행기
- [ ] plant 식물
- [ ] place 장소
- [ ] crown 왕관
- [ ] crab 게
- [ ] cry 울다
- [ ] grapes 포도
- [ ] green 녹색
- [ ] grass 잔디
- [ ] truck 트럭
- [ ] train 기차
- [ ] trunk 나무의 몸통
- [ ] smile 웃다
- [ ] small 작은
- [ ] smash 박살내다
- [ ] stop 멈추다
- [ ] star 별
- [ ] stand 일어서다
- [ ] swing 그네
- [ ] swan 백조
- [ ] swim 수영하다

단어의 주요 끝소리

- [ ] duck 오리
- [ ] rock 바위
- [ ] clock 시계
- [ ] talk 말하다

● 주제별 영단어

- [ ] walk 걷다
- [ ] milk 우유
- [ ] wind 바람
- [ ] sand 모래
- [ ] pond 연못
- [ ] king 왕
- [ ] ring 반지
- [ ] wing 날개
- [ ] tent 텐트
- [ ] count 숫자를 세다
- [ ] print 인쇄하다
- [ ] vest 조끼
- [ ] toast 토스트
- [ ] fist 주먹
- [ ] wash 씻다
- [ ] brush 붓
- [ ] trash 쓰레기
- [ ] call 전화하다
- [ ] ball 공
- [ ] fall 넘어지다, 떨어지다
- [ ] cross 십자가
- [ ] glass 유리
- [ ] dress 드레스, 원피스

Chapter 1.

My Body

- [ ] head 머리
- [ ] eye 눈
- [ ] nose 코
- [ ] ear 귀
- [ ] mouth 입
- [ ] teeth 이, 치아
- [ ] arm 팔
- [ ] hand 손
- [ ] leg 다리
- [ ] foot 발

Chapter 2.

My Home

- [ ] television 텔레비전
- [ ] sofa 소파
- [ ] table 탁자
- [ ] window 창문
- [ ] door 문
- [ ] mirror 거울
- [ ] rug 러그
- [ ] picture 사진, 그림
- [ ] computer 컴퓨터
- [ ] clock 시계

Chapter 3.

Pet and Farm Animals

- [ ] dog 개
- [ ] cat 고양이
- [ ] cow 암소, 젖소
- [ ] goat 염소
- [ ] goose 거위
- [ ] pig 돼지
- [ ] sheep 양
- [ ] hen 암탉
- [ ] horse 말
- [ ] duck 오리

Chapter 4.

Wild Animals

- [ ] elephant 코끼리
- [ ] lion 사자
- [ ] giraffe 기린
- [ ] zebra 얼룩말
- [ ] alligator 악어
- [ ] snake 뱀
- [ ] tiger 호랑이
- [ ] monkey 원숭이
- [ ] bird 새
- [ ] bear 곰

Chapter 5.
Clothes

- [ ] shirt 셔츠
- [ ] t-shirt 티셔츠
- [ ] sweater 스웨터
- [ ] coat 코트
- [ ] dress 드레스, 원피스
- [ ] scarf 목도리
- [ ] pants 바지
- [ ] skirt 치마
- [ ] cap 모자
- [ ] shoes 신발
- [ ] socks 양말
- [ ] hat (챙 달린) 모자

Chapter 6.
Things to Ride

- [ ] bicycle 자전거
- [ ] scooter 킥보드
- [ ] motorbike 오토바이
- [ ] car 자동차
- [ ] bus 버스
- [ ] truck 트럭
- [ ] airplane 비행기
- [ ] subway 지하철
- [ ] ship 배
- [ ] train 기차

Chapter 7.
Fruit

- [ ] apple 사과
- [ ] banana 바나나
- [ ] orange 오렌지
- [ ] grapes 포도
- [ ] strawberry 딸기
- [ ] watermelon 수박
- [ ] peach 복숭아
- [ ] kiwi 키위
- [ ] pineapple 파인애플
- [ ] lemon 레몬

Chapter 8.
Food

- [ ] cake 케이크
- [ ] bread 빵
- [ ] rice 밥, 쌀
- [ ] pizza 피자
- [ ] hamburger 햄버거
- [ ] cheese 치즈
- [ ] milk 우유
- [ ] ice cream 아이스크림
- [ ] sausage 소시지
- [ ] hot dog 핫도그

Chapter 9.
Family

- [ ] mother 엄마
- [ ] father 아빠
- [ ] brother 형, 오빠, 남동생
- [ ] sister 언니, 누나, 여동생
- [ ] grandmother 할머니
- [ ] grandfather 할아버지
- [ ] uncle 삼촌, 외삼촌
- [ ] aunt 고모, 이모

Chapter 10.
Colors

- [ ] white 흰색
- [ ] blue 파란색
- [ ] yellow 노란색
- [ ] purple 보라색
- [ ] green 녹색
- [ ] red 빨간색
- [ ] black 검은색
- [ ] brown 갈색

● 기초 형용사와 동사

- [ ] gray 회색
- [ ] pink 분홍색

Chapter 11.
School

- [ ] teacher 선생님
- [ ] friend 친구
- [ ] playground 운동장
- [ ] blackboard 칠판
- [ ] desk 책상
- [ ] chair 의자
- [ ] bag 가방
- [ ] pencil 연필
- [ ] notebook 공책
- [ ] eraser 지우개

Chapter 12.
Feelings and Emotions

- [ ] happy 행복한
- [ ] sad 슬픈
- [ ] hungry 배고픈
- [ ] full 배부른
- [ ] scared 무서워하는, 겁먹은
- [ ] surprised 놀란
- [ ] excited 신이 난
- [ ] bored 지루한, 심심한
- [ ] sleepy 졸린
- [ ] angry 화가 난

Chapter 13.
Actions 1

- [ ] hear 듣다
- [ ] play 놀다
- [ ] touch 만지다
- [ ] ride 타다
- [ ] see 보다
- [ ] give 주다
- [ ] take 잡다, 받다
- [ ] smell 냄새 맡다
- [ ] run 달리다
- [ ] sit 앉다

Chapter 14.
Actions 2

- [ ] stand 일어나다
- [ ] eat 먹다
- [ ] drink 마시다
- [ ] sing 노래하다
- [ ] walk 걷다
- [ ] jump 뛰다
- [ ] sleep (잠을) 자다
- [ ] watch (관심을 기울여) 보다
- [ ] read 읽다
- [ ] think 생각하다

Sentences List

Chapter 1. My Body

- [ ] I have a head. 나는 머리가 하나예요.
- [ ] I have two eyes. 나는 눈이 두 개예요.
- [ ] I have a nose. 나는 코가 하나예요.
- [ ] My ears are big. 내 귀는 커요.
- [ ] Open your mouth. 입을 벌려.
- [ ] Brush your teeth. 이 닦아라.
- [ ] I have long arms. 나는 팔이 길어요.
- [ ] Wash your hands. 손 닦아라.
- [ ] I have long legs. 나는 다리가 길어요.
- [ ] My foot hurts. 내 발이 아파요.

각 문장 속 배운 단어를
확인하는 데 중점을 두고
체크해 주세요.

Chapter 2. My Home

- [ ] I watch television. 나는 텔레비전을 봐요.
- [ ] I sit on the sofa. 나는 소파 위에 앉아요.
- [ ] That is a table. 저것은 탁자예요.
- [ ] Open the window. 창문 열어라.
- [ ] Close the door. 문 닫아라.
- [ ] Clean the mirror. 거울 닦아라.
- [ ] The cat is on the rug. 고양이가 러그 위에 있어요.
- [ ] Look at the picture. 사진을 봐.
- [ ] I have a computer. 나는 컴퓨터를 가지고 있어요.
- [ ] It is a clock. 그것은 시계예요.

Chapter 3. Pet and Farm Animals

- [ ] This is my dog. 이것은 내 개예요.
- [ ] I have a cat. 나에게는 고양이가 있어요.
- [ ] Look at the cows in the barn. 외양간에 있는 암소들을 봐.
- [ ] We have two goats. 우리에게는 염소 두 마리가 있어요.
- [ ] There is one goose on the pond. 연못에 거위 한 마리가 있어요.
- [ ] A pig is a pink animal. 돼지는 분홍색 동물이에요.
- [ ] I can ride a horse. 나는 말을 탈 수 있어요.
- [ ] A duck lives near water. 오리는 물가 근처에 살아요.
- [ ] Is this a sheep or a goat? 이것은 양인가요, 염소인가요?
- [ ] A hen lays eggs. 암탉이 알을 낳아요.

Chapter 4. Wild Animals

- [ ] An elephant has a long nose. 코끼리는 코가 길어요.
- [ ] A lion is strong. 사자는 힘이 세요.
- [ ] A giraffe has a long neck. 기린은 목이 길어요.
- [ ] A zebra has stripes. 얼룩말은 줄무늬가 있어요.
- [ ] An alligator lives in rivers. 악어는 강에 살아요.
- [ ] A snake has no legs. 뱀은 다리가 없어요.
- [ ] A tiger is strong and dangerous. 호랑이는 힘이 세고 위험해요.
- [ ] A monkey climbs trees. 원숭이가 나무에 올라가요.
- [ ] A bird can fly. 새는 날 수 있어요.
- [ ] I am afraid of bears. 나는 곰이 무서워요.

Chapter 5. Clothes

- [ ] Where is my shirt? 내 셔츠 어디 있어요?
- [ ] I like this t-shirt. 나는 이 티셔츠가 마음에 들어요.
- [ ] Put on this sweater. 이 스웨터를 입어.
- [ ] This coat is warm. 이 코트는 따뜻해요.
- [ ] This is my favorite dress. 이것은 제가 제일 좋아하는 드레스예요.
- [ ] The snowman wears a scarf. 눈사람이 목도리를 하고 있어요.
- [ ] I wear black pants. 나는 검은색 바지를 입어요.
- [ ] My skirt is pink. 내 치마는 분홍색이에요.
- [ ] Put on your cap. 모자를 써라.
- [ ] My shoes are blue. 내 신발은 파란색이에요.
- [ ] I have red socks. 나는 빨간 양말을 가지고 있어요.
- [ ] Give me this hat, please. 이 모자 주세요.

Chapter 6. Things to Ride

- [ ] I can ride a bicycle. 나는 자전거를 탈 수 있어요.
- [ ] This is my new scooter. 이것은 내 새 킥보드예요.
- [ ] A motorbike has two wheels. 오토바이는 바퀴가 두 개예요.
- [ ] A car has four wheels. 자동차는 바퀴가 네 개예요.
- [ ] Here comes the bus. 저기 버스가 와요.
- [ ] My father drives a truck. 아빠가 트럭을 운전해요.
- [ ] Look! The airplane is taking off. 봐! 비행기가 이륙하고 있어.
- [ ] I take the subway every day. 나는 매일 지하철을 타요.
- [ ] The ship is on the sea. 배가 바다 위에 있어요.
- [ ] I am on a train. 나는 기차에 타고 있어요.

Chapter 7. Fruit

- [ ] I like apples. 나는 사과를 좋아해요.
- [ ] A banana is yellow. 바나나는 노란색이에요.
- [ ] Give me an orange. 저에게 오렌지를 하나 주세요.
- [ ] I want to eat some grapes. 나는 포도를 먹고 싶어요.
- [ ] I like strawberry ice cream. 나는 딸기 아이스크림을 좋아해요.
- [ ] A watermelon is juicy. 수박은 과즙이 많아요.
- [ ] A peach tastes sweet. 복숭아는 맛이 달아요.
- [ ] A kiwi is small. 키위는 작아요.
- [ ] A pineapple is so sweet. 파인애플은 매우 달아요.
- [ ] A lemon is sour. 레몬은 시어요.

Chapter 8. Food

- [ ] Have some cakes. 케이크 좀 먹으렴.
- [ ] This bread is very delicious. 이 빵은 매우 맛있어요.
- [ ] I eat rice every day. 나는 매일 밥을 먹어요.
- [ ] I eat pizza for lunch. 나는 점심으로 피자를 먹어요.
- [ ] Do you like hamburgers? 너 햄버거 좋아하니?
- [ ] I don't like cheese. 나는 치즈를 좋아하지 않아요.
- [ ] I drink milk every day. 나는 매일 우유를 마셔요.
- [ ] I like chocolate ice cream. 나는 초콜릿 아이스크림을 좋아해요.
- [ ] My dad cooks some sausages. 아빠가 소시지를 구워요.
- [ ] A sausage is in the hot dog bun. 소시지가 핫도그 빵 안에 들어 있어요.

Chapter 9. Family

- I love my mother. 나는 엄마를 사랑해요.
- My father is busy. 아빠는 바빠요.
- I have one brother. 나는 형(오빠, 남동생)이 한 명 있어요.
- She is my sister. 그녀는 제 언니(누나, 여동생)예요.
- My grandmother is heathy. 우리 할머니는 건강해요.
- My grandfather is tall. 우리 할아버지는 키가 커요.
- My uncle lives alone. 우리 삼촌(외삼촌)은 혼자 살아요.
- My aunt has two dogs. 우리 고모(이모)에게는 개 두 마리가 있어요.

Chapter 10. Colors

- Snow is white. 눈은 흰색이에요.
- The sky is blue. 하늘이 파래요.
- I love my yellow sweater. 나는 내 노란색 스웨터를 좋아해요.
- My socks are purple. 내 양말은 보라색이에요.
- I have a green skirt. 나는 녹색 치마를 가지고 있어요.
- I have a red bicycle. 나는 빨간색 자전거를 가지고 있어요.
- I have a black dog. 나에게는 검은색 개가 있어요.
- My mom has brown hair. 우리 엄마는 머리가 갈색이에요.
- My grandmother has gray hair. 우리 할머니는 머리가 희어요.
- My favorite color is pink. 내가 제일 좋아하는 색은 분홍색이에요.

Chapter 11. School

- ☐ This is my teacher. 이분은 저의 선생님이에요.
- ☐ We are friends. 우리는 친구예요.
- ☐ I play on the playground. 나는 운동장에서 놀아요.
- ☐ Look at the blackboard, everyone. 모두 칠판을 봐.
- ☐ Where is my desk? 내 책상은 어디에 있어요?
- ☐ I sit on a chair. 나는 의자에 앉아요.
- ☐ This bag is mine. 이 가방에 제 거예요.
- ☐ I have a lot of pencils. 나는 연필을 많이 가지고 있어요.
- ☐ Open your notebook. 공책을 펴라.
- ☐ May I use your eraser? 네 지우개 써도 되니?

Chapter 12. Feelings and Emotions

- ☐ I'm happy. 나는 행복해요.
- ☐ I'm so sad. 나는 너무 슬퍼요.
- ☐ I'm hungry now. 나는 지금 배가 고파요.
- ☐ I'm full. 나는 배가 불러요.
- ☐ I'm so scared. 나는 너무 무서워요.
- ☐ I'm surprised to see you here. 너를 여기서 보다니 놀랍구나.
- ☐ I'm excited about the birthday party. 나는 생일파티 생각에 신이 나요.
- ☐ Daddy, I'm bored. Play with me. 아빠, 저 심심해요. 저랑 놀아 주세요.
- ☐ Mom, I'm not sleepy. 엄마, 나 안 졸려요.
- ☐ I am angry with you. 나 너한테 화났어.

Chapter 13. Actions 1

- [ ] I hear the bird singing. 나는 새 노랫소리를 들어요.
- [ ] Let's play outside. 밖에서 놀자.
- [ ] Don't touch it. 그것 만지지 마.
- [ ] I can ride a bicycle. 나는 자전거를 탈 수 있어요.
- [ ] I see a lion. 나는 사자를 봐요.
- [ ] Could you give me the ball? 그 공 좀 줄래요?
- [ ] Take my hand. 내 손을 잡아. / Give and take 주고 받기
- [ ] I smell flowers. 나는 꽃 향기를 맡아요.
- [ ] I can run fast. 나는 빨리 달릴 수 있어요.
- [ ] May I sit here? 여기 앉아도 될까요?

Chapter 14. Actions 2

- [ ] Stand up, please. 자리에서 일어나 주세요.
- [ ] I eat sweet potatoes. 나는 고구마를 먹어요.
- [ ] I drink lots of water every day. 나는 매일 물을 많이 마셔요.
- [ ] I can sing well. 나는 노래를 잘해요.
- [ ] I walk to school. 나는 걸어서 학교에 가요.
- [ ] I can jump high. 나는 높이 뛸 수 있어요.
- [ ] It's time to sleep. 이제 잘 시간이에요.
- [ ] I want to watch television. 나는 텔레비전이 보고 싶어요.
- [ ] I can read English. 나는 영어를 읽을 수 있어요.
- [ ] I think Fluffy is very cute. 나는 플러피가 매우 귀엽다고 생각해요.

해결책 도서를 소개합니다!

유아 한글 학습 동화 　도와줘! 한글 친구들 시리즈(만 3세 이상)

★ 반복해서 읽으면 기초 한글 자모음자 24자가 저절로 외워져요!

도와줘! 한글 친구들

도와줘! 한글 친구들 2

도와줘! 한글 친구들 1~2권 세트
(부록: 색칠하기와 쓰기 노트)

유아 한글·알파벳·숫자 쓰기 교재 　해결! 시리즈(6세 이상)

★ 2권 완성! 바르고 예쁜 한글 쓰기 프로그램

해결! 한글 쓰기 1권
받침 없는 글자
(부록: 한글 획순 브로마이드)

해결! 한글 쓰기 2권
받침 있는 글자
(부록: 나만의 서체 만들기)

해결! 한글 쓰기 1~2권 세트

★ 14일 만에 알파벳을 떼는 가장 확실한 방법

해결! 알파벳 쓰기
(부록: 알파벳 차트)

★ 100까지의 수를 완벽하게 읽고 쓰는 프로그램!

해결! 숫자 쓰기
(부록: 숫자 쓰기 워크 시트지 온라인 제공)